高连奎 ○ 著

经济学编年史

上海远东出版社

图书在版编目（CIP）数据

经济学编年史 / 高连奎著. -- 上海：上海远东出
版社，2024. -- ISBN 978-7-5476-2036-6

Ⅰ. F119

中国国家版本馆 CIP 数据核字第 20244KW324 号

出 品 人　曹　建
责任编辑　陈　娟
封面设计　徐羽情

经济学编年史

高连奎　著

出　　　版　上海远东出版社
　　　　　　（201101　上海市闵行区号景路 159 弄 C 座）
发　　　行　上海人民出版社发行中心
印　　　刷　上海中华印刷有限公司
开　　　本　890×1240　　　1/32
印　　　张　8
插　　　页　2
字　　　数　179,000
版　　　次　2024 年 8 月第 1 版
印　　　次　2024 年 11 月第 2 次印刷
ISBN　978-7-5476-2036-6/F·740
定　　　价　49.00 元

序　言

莫做受过专业教育的门外汉

——本书的写作手法、特点与意义

经济学不仅是一门知识性学科，也是一门充满哲学智慧的学科。人类经济学经历了 500 年左右的发展，已经取得了丰硕的成果，其中的智慧值得每一个人学习。

一、经济学史就是世界史

人类进入近现代社会以来，历史每一次进步的背后都有经济学家的身影。法国重农学派领袖魁奈推动了欧洲现代民族国家的建立；亚当·斯密推动了大英帝国的全球殖民贸易；李斯特创立的德国历史学派推动了德国国家的统一与崛起，德国历史学派的另一位经济学家瓦格纳协助俾斯麦建立了人类最早的社会保障系统，马克思的学说推动了世界社会主义运动；美国制度学派的克拉克、伊利、康芒斯推动了美国进步运动，他们的弟子又制定了"罗斯福新政"中的大部分政策，同时凯恩斯通过与罗斯福的"五次互动"建构了罗斯福新政中的投资思想，萨缪尔森等凯恩斯主义者造就了美国 20 世纪五六十年代的"黄金时代"。此外，加尔布雷思参与并操盘了美国"伟大社会"建设，供给学派的蒙代尔、拉弗推动了"里根减税"，哈耶克促成了撒切尔改革，弗里德曼推动了拉美新自由主义运动，弗里德曼的中国弟子张五常等也在中国推行过"价格闯关"政策，新凯恩斯学派经济学家泰勒提出的"泰勒规则"成就了美国 20 世纪 90 年代到 21 世纪初的"大缓和"时代……由此看来，经济学家既是学术进步的推动者，又是一系列重大历史事件的重要参与者。

二、一本集经济学辞典、经济思想史、经济学大事年表为一身的著作

本书不同于一般注重学派的经济思想史类著作，因为很多经济学理论并不属于某一学派，且学派之外仍然存在大量有用的理论学说。本书极其注重思想的全面性，力争广采博收，辑录人类已有的大部分思想成果。

本书不同于经济学辞典类著作。经济学辞典类著作太注重对经济名词的解释，但很多名词一看就懂，没必要解释，况且经济辞典太烦琐，很少有人能通读。本书记载的主要是核心经济学概念与理论，包括这些理论概念及提出人的传承关联关系而非名词解释，因此，这是一部真正意义上的"史书"。

本书也不同于经济学教材。经济学教材太注重经济学模型，而对思想理论阐释不够，对那些历史上处于"非主流"的经济思想大多未收录。此外，很多教材编写者会忽略自己看不懂的理论，比如目前人类早期提出的货币信用创造理论，德国历史学派的财政、货币理论，美国制度学者的社会经济学思想及马克思的经济学理论等，在西方主流经济学教材中都被忽视或遗漏，关键是这些教材编写者自己有时也搞不懂上述理论。

三、本书浓缩了至少上千本经济学著作之精华

一个人要形成相对完整的经济学知识拼图，至少要阅读上千本经济学理论著作，但绝大部分专业经济学家都做不到，非专业人士就更难完成。因此，如果一本书尽可能集合这些思想理论的精华，也就不是什么难事，而笔者的写作就是基于这样一种尝试。本书集中了笔者阅读过的上千本经济学著作的精华，在记载人物、思想时做了大量取舍，即该简略的简略、该详细的详细；在记载人物方面，本书只记载这些人物的核心标签，特别是其思想传承关系，而不是全面介绍其生平。

有些经济学人物的核心标签是国籍，比如奥地利学派、德国历史学派、美国制度学派的学者都拥有一些共同特征，读者知道其国籍，基本上就能知道其思想倾向。

有些人物的核心标签是其所在的大学，比如剑桥大学、伦敦政治经济学院、卡内基·梅隆大学、普林斯顿大学等。与这些大学有关的人物都有共同特征，比如与伦敦政治经济学院有关的人物有科斯、勒纳、希克斯、卡尔多、赫维茨、米德、赫希曼、菲利普斯、温特劳布、刘易斯等，这些人中有的见证过凯恩斯与哈耶克的论战。这些人擅长从"大历史"中研究经济问题，并试图为大历史中的经济问题寻求答案。

与卡内基·梅隆大学相关的学者大都与心理学的研究有关。无论是微观经济学中的"有限理性"理论还是宏观经济学中的"理性预期"，都诞生于卡内基·梅隆大学。西蒙创立的"有限理性"理论，是行为经济学的先导，后来的行为经济学大师塞勒就曾经担任过西蒙的下属。首先提出"理性预期"理论的经济学家约翰·穆斯也就职于卡内基·梅隆大学，同校的卢卡斯进一步发展了该理论。普雷斯科

特是卢卡斯在卡内基·梅隆大学的学生,而基德兰德又是普雷斯科特在卡内基·梅隆大学的学生,因此,可以说,卡内基·梅隆大学既是行为经济学的策源地,又是理性预期革命诞生的摇篮。行为经济学家席勒也是从曾任教于卡内基·梅隆大学的莫迪利安尼那里了解到"理性预期"理论的。

普林斯顿大学则是博弈论大师的聚集地,博弈论创始人冯·诺依曼是该校教授,纳什、沙普利两位博弈论的杰出代表也是该校教授。此外,博弈论以兰德智库为桥梁传到了其他学校,如阿罗就通过兰德智库最先接触到博弈论,而那些凭博弈论研究获得诺贝尔奖的大部分学者都是阿罗的弟子,这其中有人将博弈论用于信息经济学的研究中。

与剑桥大学有关的学者大部分以"良知"著称,比如剑桥学派的开山鼻祖马歇尔就将改变工人阶级的命运作为其一生的使命,他的继承者庇古则是经济学界最早系统研究失业问题的学者,他的学生凯恩斯以拯救经济危机闻名。凯恩斯的学生罗宾逊夫人、斯拉法则有着很强的社会主义情结,罗宾逊夫人的学生阿玛蒂亚·森也是以福利经济学著称,另一位学生斯蒂格利茨一直将贫富差距和不平等作为自己的研究重点。经济学家迪顿的导师是凯恩斯的学生斯通,他在剑桥学派的熏陶下开始关注并研究贫困、福利和消费问题。剑桥学派几乎包揽了福利或贫困研究领域所有的诺贝尔奖。

哈佛大学则是以产业组织理论见长,这主要归功于张伯伦。在继承张伯伦垄断竞争理论的基础上,梅森提出了产业组织的理论体系和研究方向。1959 年,贝恩的《产业组织》出版,标志着哈佛学派正式形成。张伯伦和梅森首先在哈佛大学开设了产业组织课程。梅森建立了一个包括贝恩、凯森、麦克在内的产业组织研究小组。梅森教授和其弟子贝恩是哈佛学派的代表人物。产业组织理论是经济学中唯一冠名哈佛的理论，为了保持优势地位，哈佛大学还从欧洲挖来了与哈佛大学毫无学术传承关系的奥利弗·哈特，此人也为哈佛大学赢得了一枚诺贝尔经济学奖奖章。

有的经济学人物的核心标签是"导师"，比如第二代奥地利学派和美国制度学派看似不相关，但是他们却拥有共同的导师，那就是德国旧历史学派的骨干人物克尼斯。如果你曾疑惑，为何第二代奥地利学派突然将研究方向转向货币利率研究，这就可以从维塞尔和庞巴维克的德国导师克尼斯那里找到答案。克尼斯的代表作是《货币与信用》，庞巴维克的货币理论初步完成于德国留学期间。庞巴维克的代表作是《资本与利息》，米塞斯的代表作是《货币与信贷》，哈耶克的代表作是《价格与生产》，这些书名都与其作者的祖师克尼斯的著作一脉相承。同样，如果你疑惑美国制度学派为何与德国历史学派那么相似，同样可以追溯到其德国历史学派导师克尼斯。美国历史学派的早期开创者克拉克、伊利都是德国留学生，也是克尼斯的学生，他们创办的美国经济学会、《美国经济评论》杂志都是为了更好地传承德国历史学派的研究传统。后来美国制度学派的代表人物凡勃伦、康芒斯、米切尔都是他们的学生，库兹涅茨、弗里德曼、诺斯、福格尔几位以研究历史见长的美国诺贝尔经济学奖获得者则是他们的徒子徒孙。德国历史学派到美国转变成制度学派后已经传承到第五代，其基因特征仍然非常明显。

在微观经济学领域也是如此。信息经济学领域的绝大多数诺贝尔奖获得者几乎都贴着"阿罗"的标签，有的直接是他培养的学生，有的是直接受到他影响，如莫里斯的博士论文是在剑桥大学访问时的阿罗指导的，斯蒂格利茨、阿克洛夫在麻省理工学院的课堂上受到阿罗影响,海萨尼是阿罗在斯坦福大学任教时的博士,斯宾塞、马斯金和迈尔森是阿罗在哈佛大学培养的博士。威尔逊是阿罗在斯坦福大学的同事,两人都担任过斯坦福大学的经济系主任,另外几位信息经济学领域的诺贝尔奖得主,如米尔格罗姆、本特·霍姆斯特罗姆、埃尔文·罗斯都是威尔逊的弟子。因此,只要将些学者的学术传承关系梳理清楚,就非常容易理解其研究方向与思想理论。

此外,蒙代尔在国际经济学领域算是一位大家,但如果我们知道他是凯恩斯的弟子——米德的学生,就不难理解蒙代尔的研究成果了,因为他的理论大部分都是对老师的理论的发展。当然蒙代尔的弟子也继承了他的研究方向,多恩布什是蒙代尔在芝加哥大学的学生,克鲁格曼又是多恩布什的学生,因此,米德冲突、蒙代尔不可能三角、克鲁格曼三元悖论等本质上是一脉相承的。

当然也有少数顶级大师并没有明确的导师,如李斯特、马克思、门格尔、费雪、马歇尔、杰文斯、凯恩斯、科斯等,他们是自学成才,靠自己的领悟,这类人的成果往往是"开辟式创新"。他们开辟出了自己的体系,经济学的革命性进步也依靠这些人。

本书虽然力求精简,但在记载经济学思想的传承关系方面,则是不吝笔墨。当前经济学界存在大量受过专业教育的"门外汉",这些人只是知道一些零碎的经济词汇与数学模型,对经济思想的传承过程一无所知,这也导致他们根本无法深刻理解历史上经济学大师的思想精髓,甚至很多知名经济学家声称自己连《通论》都看不懂,这都是因为他们对经济思想史了解太少。经济思想具有传承性,经济学家的思想也有灵感来源,如凯恩斯经济思想的来源是马尔萨斯和瑞典学派的维克塞尔。也就是说,如果我们明白了马尔萨斯和瑞典学派的学说,再看凯恩斯的经济学就非常容易;我们如果知道凯恩斯是瑞典学派维克塞尔著作的英文翻译者，也就容易理解凯恩斯早年的货币思想，也很容易搞懂《通论》的逻辑。同样，我们如果知道埃奇沃思与杰文斯是邻居，就很容易理解埃奇沃思在效用理论上的创新；如果知道庞巴维克在德国留学的经历，就很容易理解为何第二代奥地利学派会将研究重点转向利率与生产理论；如果知道维克里曾在耶鲁大学受教于费雪，也就很容易理解他为何要研究最优税制；如果知道弗里德曼曾在哥伦比亚大学受制度学派米切尔、克拉克的熏陶，就很容易理解他为何会成为实证主义大师以及为何要写作《美国货币史》；如果知道莫迪利安尼与勒纳在美国新学院大学有过交集，就很容易理解为何他也能够成为与索洛、托宾齐名的凯恩斯学派大师；如果知道赫维茨曾给兰格做过助手，也就不难理解他为何会开创出"机制设计"学派。同样，如果了解过魁奈、边沁、李斯特、李嘉图、霍布森这几个学者，再看马克思的学说，也就简单得多。在经济学史中，这样的例子还有很多，这就如同我们中国人知道了某个人的背景经历，其很多行为也就不难理解了。

这是一本特别适合那些希望永攀学术思想高峰，并希望能在经济学这门学科中有所作为的读者阅读的书，本书可以成为他们走向成功的梯子。本书没有介绍数学模型，也舍弃了那些只对经济学方法作出贡献的人物，尽管他们中的很多人都获得了诺贝尔奖，但这些形式主义或方法论的东西无关思想。在记载学术传承关系方面，本书相较市场上的同类著作要全面。了解这些思想传承关系，绝非经济学学习道路上的"无用功"，反而是整体掌握大师思想精髓的捷径，因为这样的学习方法，可以帮助读者在短时间内串联起大量的经济学思想，形成"快速记忆"。

四、本书创作的灵感

本书创作灵感来源于中国传统的"治史"方法,西方经济学家研究经济学更注重形式主义的东西,经济思想史研究也大多从学派展开,但本书以"编年体"的形式对每种思想的出处、时间、提出人、提出人的背景关系进行了详细的考察,这是其他文献所没有的。为了写作本书,笔者耗费了大量时间和精力,有时为了查清一个理论的出处或发表时间而查阅大量资料,但这种基础性的工作是值得的,经济学界需要有人来做这样的工作。

本书写作除了受中国古代"编年体"史书的启示,同时也受到中国一些"词源"类工具书的启发。笔者喜欢做这样的思想考据工作。有了本书,读者就可以整体了解人类经济思想进步的历程,可以在经济学领域做到"通古今之变",俯瞰经济学的全貌。目前同类研究在经济学界尚属空白,有了这部著作抛砖引玉,有心学习的人就可以按图索骥搜索这些经典的著作或论文进行拓展阅读。

在现实中,学术研究条块分割严重,因此,现代社会没有任何一位学者能够全面掌握所有经济学思想。如果你熟读此书,就可以说你已经从某些方面超越了当代绝大部分经济学者。本书既适合专业研究者,也适合普通学习者。

经济学是一门知识与智慧并重的学科,学习经济学既可以学到"拿来就用"的知识,也可以学习到其中蕴含的哲学思维。经济学虽然不是哲学,但其蕴含的智慧与思辨性比哲学还要多,也更能锻炼人的头脑,比如经济学中的"积累财富还是发展生产力""理性与非理性""边际分析""规范与实证""规则与抉择""名义与实际""集中与离散""自然价格与市场价格""直接生产与迂回生产""内部性与外部性""弹性与刚性""动态与静态""长期与短期""内生与外生""跨期选择""动态不一致""完全合约与非完全合约""有效市场与非有效市场""均衡与非均衡""中心-外围""激励相容与激励扭曲""极化效应""涓滴效应""随即游走""破坏式创新""适应性预期与理性预期"等经典分析都包含非常深刻的哲学智慧,都可以提升人的逻辑思维能力。假如我们能够像学习哲学一样学习经济学,经济学这门学科不仅可以非常有趣,而且可以从中获取无限的智慧。

五、学好经济学的一些建议

人类对经济学的研究高潮是从十六七世纪"中学西渐"时期西方社会对中国自然秩序的崇拜开始的,人类第一个经济学派是法国的"重农学派",他们崇拜中国文化,是一群汉学家,亚当·斯密也是从他们那里了解到经济学的。从那时至今,经济学已历经 500 年左右。尽管如此,人类对经济世界的认识远未达到完善的地步。综合世界经济学史,几乎每年都会诞生两三个值得载入史册的经济思想成果,在以前,这些经济思想成果主要是由西方经济学完成的。近年来,中国经济的崛起已经为中国经济学的诞生创造了良好的条件,中国部分经济学者也开始陆续提出自己的原创经济思想,中国经济学也已经开始在世界崭露头角。世界经济学如果要进入"中国时代",那么中国学者还需要更多的努力才会成为事实。能被正式记载在本书中的学者都是经济学领域的顶级学者,我们希望能有更多的中国人被记载。

经济学是一门思想性学科,经济学的进步靠"天才"与"师承"的结合,但现实中,并不是每个人都是天才,也不可能每个人都有一位好老师。但在现代信息社会,只要秉承着"与古人为友、与圣贤为友、与真理为友"原则,普通学者也可以为经济学作出别样的贡献。

目　录

第三章　边际革命与新古典时代的经济学 / 21

第四章　宏观经济学的萌芽与诞生 / 52

第六章　反击新自由主义，各学派的崛起 / 176

第七章　中国经济学家的创新探索

参考资料

第一章

亚 当 · 斯 密 之 前 的 经 济 学

现代经济学有三个源头：英国、法国及德国。英国强调劳动价值论和自由贸易。劳动价值论起源于英国经济学家威廉·配第，他提出了劳动价值论的雏形；亚当·斯密提出了自由贸易理论。法国则强调边际分析、主观价值。重农学派在研究农业肥料使用过程中发现了边际递减理论。这一理论与主观价值理论结合后爆发了边际革命，法国代表纯经济学的研究方向，边际分析、一般均衡都是法国人发明的，英国的亚当·斯密、李嘉图最核心的研究成果是贸易理论。德国的经济学侧重历史性分析，影响了马克思主义、美国的制度学派，此外，德国在货币、财政理论上的成果也日益被挖掘出来，成为新经济思想的源头。

经济学的诞生早于工业革命。经济学起源于殖民贸易，诞生了最早的重商主义。殖民贸易过程中形成了最早的资本市场，也造成了巨大的金融泡沫，金融泡沫破裂导致了重农主义的兴起。后来，亚当·斯密又建立了自由贸易理论。因此，人类在工业革命之前的经济学主要是贸易经济学和农业经济学，生产者理论、消费者理论这些工业经济的产物，都诞生比较晚。

人类早期的经济学家很多是在殖民经济中发了财的人，比如格雷欣是为英国殖民扩张筹集资金的王室商人，约翰·劳亲自导演了密西西比河泡沫，坎蒂隆则靠做空南海泡沫和密西西比泡沫赚了大钱。

亚当·斯密最直接的思想来源——法国重农学派则是例外，他们是法国皇宫中的帝师和财政大臣。法国重农学派由一帮汉学家组成。他们不仅创造了人类第一个经济学派，创立了最早的经济学期刊，最早对经济学进行有体系的探讨，而且他们的主张还涉及政治和思想文化等其他领域，促进了启蒙运动的爆发和现代民族国家的形成。重农学派领袖人物魁奈在《中华帝国的专制制度》一书中提出"开明专制"的主张。这本书掀起了欧洲封建国家的改革高潮，当时几乎所有的欧洲君主都号称自己实行的是"开明专制"。经济学家作为一个专业群体，第一次登上历史舞台就奏响了时代最强音，也成功改变了世界。

经　　济

大约公元前387—前371年，雅典色诺芬在《经济论》一书中首次提出"经济"一词。色诺芬是苏格拉底的弟子，他以记录当时的希腊历史、苏格拉底语录而著称。

劣币驱逐良币

1559年，英国的托马斯·格雷欣爵士在给英国女王的奏书中明确使用了"劣币驱逐良币"这一说法，后来被经济学家麦克劳德称为"格雷欣法则"。格雷欣发现市场上流通的是金属铸币，时间长了，足值与不足值的铸币可以一样使用，于是，人们就把成色好的足值货币（良币）储藏起来，而把不足值的铸币（劣币）赶紧花出去。结果，劣币把良币赶出了市场。托马斯·格雷欣是英国伊丽莎白一世时期最重要的王室商人，在帮助英国筹措外债、调度海外资金中发挥了重要作用，也是英国皇家证券交易所的创建者。他创办的英国皇家证券交易所大楼目前已为中国复星集团所拥有。

政治经济学概念

1615 年，法国重商主义经济学家安托万·德·蒙克莱田向国王路易十三献上《献给国王和王后的政治经济学》一书，这是政治经济学的开端，是法国第一次系统地提出重商主义理论，即主张保护关税，以保护本国工业。他反对外国商人插手法国商业，主张国家应当保护法国商人的海外利益，应当增强法国的海上力量，拓展殖民地。

税收四原则

1662 年，英国经济学家威廉·配第写成《税赋论》，提出"公平""确实""便利"和"节省"的税收四原则。威廉·配第最先提出劳动决定价值的基本原理。配第认为，生产商品所耗费的劳动时间决定商品的价值，并在劳动价值论的基础上考察了工资、地租、利息等范畴。他把地租看作剩余价值的基本形态。劳动价值论被亚当·斯密、李嘉图、马克思继承。配第区分了自然价格和市场价格，认为自然价格相当于价值。配第经济思想的形象表述是"劳动是财富之父，土地是财富之母"。配第的劳动价值论和自然价格、市场价格等思想被亚当·斯密吸收和继承。威廉·配第原本是一名医生，牛津大学的医学博士，医生的经历有助于他运用医学和人体结构学的精密视野考察经济生活。配第头脑聪明，学习勤奋，敢于冒险，是当时的大企业家。他还担任过大哲学家霍布斯的秘书，这又使他在探索经济问题时，能够实现经济研究方法论的革新。马克思称配第为政治经济学之父。与配第同样具有医生身份的经济学家还有英国经济学家巴本、荷兰经济学家曼德维尔、法国重农学派创始人魁奈及提出朱格拉经济周期理论的法国经济学家朱格拉。早期经济学家以医生为主，也是经济学史上的一大奇观。起源于配第的劳动价值论在李嘉图时代达到巅峰，之后开始受到质疑。

统 计 学

1672 年，威廉·配第写成《政府算术》，标志着统计学的诞生。该书认为，所有的政府事务及与君主荣誉、百姓幸福和国家昌盛有关的事项都可以用算术的一般法则来证实。

效 用 价 值

1690 年，英国经济学家巴本最早提出效用价值观点。他认为，一切物品的价值都来自它们的效用，无用之物便无价值，物品效用因满足人的欲望和需求，从而才有价值。巴本曾在莱顿大学学医，在乌特勒支大学获医学博士学位，两次当选为议员。1666 年，伦敦大火灾后，巴本主持兴建了许多大厦，并在英国首先设立火灾保险，被认为是火灾保险的创始人。

纸　币

1705 年，苏格兰金融家约翰·劳出版《论货币和贸易——兼向国家供应货币的建议》，提出用纸币代替银币的观点。约翰·劳生活在法国路易十五时代，是西方历史上著名的金融家、投机家，有过无数的财富，曾任法国财政总监。他的银行负责法国纸币的发行，曾一手造成西方金融史上的密西西比泡沫，导致法国长达 150 年不再使用银行一词。此人擅长赌博，晚年仍然靠赌博过着优越的生活，死后留下的遗产清单中，仍然拥有 488 幅名画，其中不乏提香、拉斐尔、米开朗基罗以及达芬·奇的作品。路易十五时代，整个法国金融投机失败也是后来法国重农学派崛起的原因之一。

私恶即公利思想

1714 年，荷兰经济学家曼德维尔出版著作《蜜蜂的寓言：个人的私欲，公众的利益》，全书主旨是阐述人类的天性在于追求自己的快乐和利益，但这种追求会自然而然地促进社会经济的发展与繁荣。曼德维尔的观点是奥地利学派经济思想的来源。他的思想代表了早期人们对资本主义社会的一种朴素解释，但很多人不知道他的存在，经常将他的"私恶即公利"观点误认为是亚当·斯密的思想。亚当·斯密《国富论》中的名句——"我们的晚餐，并非来自屠户、酿酒师和面包师的恩惠，而是出自他们自利的打算"，表达的观点与曼德维尔别无二致。

劳动衡量商品价值

1729 年，美国经济学家富兰克林发表《纸币性质和必要性初探》，认为商品交换不过是劳动与劳动的交换，一切商品价值都可以用劳动来衡量。

动 物 经 济

1736 年，法国汉学家、经济学家魁奈发表《动物经济论》，提出自由放任的经济主张和人的社会性的主张。魁奈是经济学家、宫廷医生、法国国王路易十六的老师，也是一名汉学家，有着"欧洲孔子"的称号。欧洲启蒙运动时期的大部分学者，如魁奈、伏尔泰等，都是汉学家，从某种程度上说，欧洲的启蒙运动就是由一群汉学家发起的思想革新运动。魁奈比较有名的经济主张有自然秩序、自由放任、"纯产品"概念、重视农业的生产观、社会阶级分析、资本流通分析、单一地租主张等。魁奈创建了经济学历史上第一个学派——重农学派，他们定期在米拉波侯爵家中集会进行学术讨论，并在自己的刊物上发表文章。法国重农学派的经济思想对法国大革命产生了重要影响，重农学派领袖之一的米拉波侯爵的儿子就是法国大革命的早期领导人。法国重农学派的经济思想主要受中国思想文化的启发。

自 发 秩 序

1751 年，法国人杜尔哥已经精准地描述了自发秩序的社会制度包含着大量分散的知识和信息。他强调："交易依赖于大量不受人控制的、不断变化的情境，因此也不可能为人所控制，更不用说能被人预测了。"哈耶克在此基础上创立了"自发秩序"理论。奈特将这一发现写成博士论文——《风险、不确定性和利润》，从不确定性角度解释了利润的来源和企业的性质。

坎蒂隆效应

1755 年，爱尔兰裔法国经济学家理查德·坎蒂隆出版的《商业性质概论》提出了"企业家"的概念，把当时除君主和地主以外的居民分为企业家和受雇者两个阶层。此外，他还提出"坎蒂隆效应"，即货币量的变化对实体经济的不同影响取决于货币介入经济的方式，以及谁是新增货币的持有者。货币增量就像在水里投下石头会一圈一圈扩散的波纹一样，这可能会伴随一个再分配过程。先获得货币的人会推动商品价格的上涨，出现通货膨胀，而通货膨胀政策对社会上的另一部分人而言是一种掠夺，于是通过经济周期过程，完成收入的再分配。理查德·坎蒂隆是投机家，靠做空南海泡沫和密西西比泡沫赚了大钱。理查德·坎蒂隆去世时并不出名。英国经济学家杰文斯热衷于搜寻那些名不见经传的作者的经济学小册子，他搜寻到了坎蒂隆的《商业性质概论》，直到此时，坎蒂隆才被世人所知。杰文斯不仅重新发现了坎蒂隆，还发现了边际效用的先驱戈森。戈森的思想与奥地利学派接近，因此也被奥地利学派奉为先驱，但奥地利学派熊彼特的经济思想来源其实是德国历史学派的桑巴特。

经 济 表

1758 年，法国汉学家、重农学派领袖魁奈的《经济表》第一次制定了社会总产品的再生产和流通的图解。他在"纯产品"概念下研究了剩余价值，并把剩余价值起源的研究从流通领域转到直接生产领域，为科学分析资本主义经济奠定了基础。马克思称其是政治经济学一切思想中最有天才的思想。

亚当·斯密与重农学派的交往

1764 年，受布克莱公爵之邀，英国经济学家亚当·斯密离开格拉斯哥大学，赴欧洲大陆旅行。旅行的经历以及在旅行过程中同许多著名大陆学者的交往，促使斯密的经济理论走向成熟，尤其是重农学派的经济学家魁奈对他影响很大。因此，经济学史上的很多人认为魁奈是亚当·斯密的老师。

重 农 主 义

　　1767 年，法国汉学家、重农学派领袖魁奈出版论文集《重农主义，或最有利于人类的管理的自然体系》，为了表明他的思想源自中国，特意将出版地点写成北京。魁奈被马克思誉为现代政治经济学始祖。西方经济学的起源并非工业研究，而是农业研究，西方经济学家进行农业研究的重要参考对象是中国。魁奈为了让法国重视农业，还在法国促成了路易十六模仿中国皇帝进行"亲耕"活动。

供给与需求

　　1767 年，詹姆士·斯图亚特出版《政治经济学原理的研究》，首次使用"供给"与"需求"两个名词。斯图亚特是重商主义后期的代表人物，是英国第一位使用"政治经济学"这个名词作为书名的人。他在《政治经济学原理的研究》中提出实际价值的概念，即一国平均需要的劳动时间决定的价值。斯图亚特将赋税划分为三类：一是按同一比例缴纳的税，称作比例税；二是按财产和收益数额的增加而递增课征的税，称作累进税或任意税；三是对个人劳动课征的税，称作对人税。斯图亚特认为，国内消费税是良税，这种税虽然会引起商品价格的上涨，消费减少，产品成本上升，但由于劳动者可以把它转嫁给他人，即因富裕而变怠惰的浪费者负担。这就是詹姆士·斯图亚特的税收转嫁理论。马克思评价詹姆士·斯图亚特道："第一个试图建立经济学体系的不列颠人，是亚当·斯密进入经济殿堂的领路人。"供给与需求的概念后来被古诺、马歇尔等发扬光大，局部均衡和一般均衡等理论建立后，供给与需求成为微观经济学的核心概念。

边际递减定理

1768 年，法国重农学派经济学家杜尔哥在研究农业过程中发现了边际递减定理，即农业中的产量可以随劳力投入规模的扩大而增加，但这种增长是有极限的。也就是说，农产品产量存在先是递增进而达到最大值、然后增量减少的变动规律。这就是"边际效益递减"规律。

开明专制思想

1769 年，法国汉学家、重农学派领袖魁奈出版的《中华帝国的专制制度》提出"开明专制"的政治思想，"开明专制"又译为"启蒙专制"，也称为开明绝对主义或仁慈的专制主义，他认为理想的君主必须是正义而且不停自我策励的。这是在西方历史上影响极其深远的一本书，在这本书的影响下，当时欧洲大陆主要国家都仿照中国政治制度进行了政府改革，代表人物有法国国王路易十六、普鲁士王国国王腓特烈二世、神圣罗马帝国皇帝约瑟夫二世、俄罗斯帝国女皇叶卡捷琳娜二世、西班牙王国国王查理三世等。通过这轮改革，欧洲形成了现代民族国家，这也是中国制度在欧洲的成功输出。17世纪欧洲的"中国潮"主要体现在文化方面，到了18世纪主要体现在政治方面。魁奈这位"欧洲孔子"，虽然在后世以经济学家著称，但他在政治方面的影响力其实远超经济方面。《中华帝国的专制制度》还提出了"自然秩序"思想，指出中国是一个遵循自然法、建立在自然秩序基础上的国家。《中华帝国的专制制度》将西方国家对中国的全面学习推向了巅峰。

生产要素概念

1776年，法国重农学派经济学家杜尔哥出版著作《关于财富的形成和分配的考核》，提出土地、资本、劳动的生产要素概念。杜尔哥认为，资本家是通过垫支资本、使用别人的劳动而取得利润。雇佣工人是在劳动者与生产资料相分离的时候产生，工人出卖劳动的代价是工资。杜尔哥还提出了"主观效用"理论。

第二章

亚当·斯密开启的古典经济学

古典经济学更多是一个英国、德国概念。威廉·配第、亚当·斯密、李嘉图、马克思是典型的古典经济学家，穆勒父子也是。此时的法国经济学家则沿着边际分析开始酝酿新古典经济思想，新古典经济学的代表人物是马歇尔，但新古典经济学的核心成就来自欧洲大陆，特别是法国人。最早提出"均衡"思想的古诺是法国人，洛桑学派的创始人瓦尔拉斯其实也是法国人，萨伊虽然创造了古典经济学的分析框架，但其理论却是自由化的。

古典经济学在德国发展比较充分，德国历史学派的开创者李斯特曾经流亡美国，受汉密尔顿经济思想的影响，他提出了"创造生产力比生产财富更重要"的观点，主张"保护幼稚工业"。德国历史学派的理论支撑了德国的统一和崛起，建立了人类最早的社会保障制度，提出的"社会国家"原则一直是德国的官方意识形态，影响至今。历史学派主张从历史发展的角度制定国家发展政策，反对哲学式的经济分析，他们对抗的是亚当·斯密的自由贸易经济学理论。德国经济学家李斯特的生产力分析是马克思经济思想的早期来源。马克思本人也是德国人，他研究的最早的经济学文献就是李斯特的经济学著作。李斯特的社会生产力思想也是马克思经济学的源头之一，德国的生产力理论的古典色彩很浓。

古典时期还孕育了最初的宏观经济学。法国的西斯蒙第建立了宏观经济分析的最初分析框架，这个框架被马尔萨斯抄袭或继承，直接影响了凯恩斯，并成为"凯恩斯经济学"的来源。

古典经济学时代持续了70年左右，期间，英国用亚当·斯密的学说在全球开展殖民贸易，建立了覆盖全球的殖民帝国；德国用历史学派的学说建立了国内的统一市场，完成了国家的统一，实现了德国经济的崛起；此时的法国则掀起了大革命，在"帝国"与"共和国"不同政体中轮番转换。这是因为法国只学习了中国的专制制度，但没有学习中国的文官制度。这些欧洲君主建立的现代民族国家先天不足，文官制度才是中国古代政治稳定的核心，而西方国家学习与照搬中国的文官制度则是将近100年之后的事情。鸦片战争之后，中国的文官制度通过英国东印度公司传播到西方，而中国的早期政治文化思想主要是通过传教士传到西方的。

分工思想与看不见的手

1776年，亚当·斯密出版《国民财富的性质和原因的研究》一书，其核心逻辑是只有分工才可以提升经济效率，但"分工又受到市场规模限制"，只有实行"自由贸易"才可以更好地扩大市场规模，建立更好的分工，提高生产效率。亚当·斯密被认为是魁奈的弟子，因为他在欧洲大陆访问期间，接触到了魁奈等法国重农学派经济学家并开始系统研究经济学。亚当·斯密的经济思想在法国通过萨伊而传播，但在德国却遭到李斯特的抵制。李斯特认为，亚当·斯密的自由贸易思想只适合农业贸易，不适合工业贸易。

斯密提出的国家三大职责是：①"保护社会免受其他独立社会的暴行的侵略"；②"尽可能保护社会的每一位成员免于社会其他成员的不公正和压迫行为的伤害"；③"建立和维持公共机构和公共工程"。其中第三项主要受中国的启发，斯密特别推崇中国古代政府将修建公共工程作为官员考核标准的做法，他指出，"在中国，在亚洲其他若干国家，修建公路及维持通航水道这两大任务，都是由行政当局担当。据说，朝廷颁给各省疆吏的训示，'总不断勉以努力治河修路；官吏奉行这一部分训示的勤惰如何，就是朝廷决定其黜陟进退的一大标准'。所以，在这一切国家中，中国的公路，尤其是通航水道，有人说比欧洲著名的水道公路要好得多"。亚当·斯密认为政府本身就应该这么做。后来奥地利学派有学者批评亚当·斯密没有任何创新。这是不客观的，在亚当·斯密之前分工思想早就存在，自由贸易的思想也存在，但是以"分工又受到市场规模限制"为理由推广世界自由贸易是亚当·斯密观点的独特之处，这样就将分工和自由贸易两个理论合为一体。亚当·斯密强调的分工并不是国内分工，而是国际贸易分工，因此，亚当·斯密的学说从一诞生就是一种"世界主义"的学说，具备为"殖民主义"辩护的天然潜质。《国民财富的性质和原因的研究》的书名来自法国重农学派杜尔哥，杜尔哥的著作为《关于财富的形成和分配的考察》，从书名也可以看出亚当·斯密受到了法国重农学派的深刻影响。"看不见的手"这一说法并不是斯密的发明，它原来是一个宗教用语。英国皇家海军曾遭遇一场特大暴风雨，许多舰只沉没，"乔治王子号"军舰却幸免于难，舰长马丁在航海日志中写道："是上帝的看不见的手拯救了我们。"斯密继承大众熟悉的宗教语言，完全是为了让读者更好地领会这个现象的内涵。

效用价值

1778 年，意大利经济学家孔迪亚克出版《谈商业与政府关系》一书，提出了效用价值观。他认为，价值是经济学的中心问题，而效用则是价值的源泉。

功利主义

1789 年，英国经济学家边沁出版《道德和立法原理导论》一书，阐述了功利主义原理。功利主义的思想可以概括为"为大多数人谋求最大程度的幸福"，认为社会应引导人们的行为，使之促进大多数人的最大幸福，而制止在追求个人幸福的过程中损害社会的整体幸福的行为。边沁哲学是福利经济学的哲学基础。功利主义主张阶级调和，认为政府应该采取行动，将富人的钱通过再次分配转移到穷人手中以增加社会的总效用。边沁的政府干预理论还直接为资本主义国家实行混合经济和福利制度提供了理论准备。边沁与亚当·斯密虽未见过面，但两人的经济思想有联系。边沁主要是通过亚当·斯密的一个亲戚与亚当·斯密交流，边沁很崇拜亚当·斯密，通过信件将自己的一些看法转达给亚当·斯密并进行交流。边沁还参与了伦敦大学学院的创办，被称为伦敦大学学院之父。边沁的思想是福利社会理论的先声。

人 口 原 理

1798 年，32 岁的英国经济学家马尔萨斯匿名出版《人口原理》一书，认为人口以几何比率增加，生活资料以算术比率增加，于是会出现饥馑、贫困、疾病和战争问题。他主张通过晚婚、禁欲等方法控制人口。马尔萨斯的职业是牧师，他的人口理论带有很强的职业色彩。此外，马尔萨斯还主张通过战争等手段来消灭社会"下层"，他的这些思想仍然被一些白人精英组织奉为圭臬。马尔萨斯被称为"第一个剑桥经济学家"。1784 年，马尔萨斯被剑桥大学耶稣学院录取，1791 年获得硕士学位，并在两年后当选耶稣学院院士。他还是英国第一位政治经济学教授，但并不是在剑桥大学，而是在东印度学院。1805 年，马尔萨斯被东印度学院任命为政治经济学教授，从而成为英国第一位职业经济学家，直到去世。马尔萨斯和李嘉图在学术上是"论敌"，两人围绕《谷物法》展开论战，马尔萨斯从人口角度反对谷物进口，李嘉图则主张自由贸易。马尔萨斯理论对现代进化论创始人达尔文和阿尔佛雷德·华莱士具有关键影响。达尔文是马尔萨斯的崇拜者，称他为"伟大的哲学家"。达尔文在《物种起源》一书中说，他的理论是马尔萨斯理论在没有人类智力干预的一个领域里的应用。

货币供给

1802 年，英国银行家亨利·桑顿出版《大不列颠票据信用的性质和作用的探讨》一书，探讨了中央银行的概念，提出"货币供给"的概念，最早提出中央银行货币供给的基本策略和法则：①在特定的经济活动增长水平下，社会有能力吸收更多的货币，但无论如何都要减少流通中的货币，让其仅在有限的、确定范围内波动；②缓慢而小心地按照国家的贸易需求扩张货币；③面对突发事件，允许暂时增发货币；④减少黄金外流，减少国际贸易中的长期逆差。桑顿深刻意识到信用货币时代的货币管理需求并进行了深入探讨。其货币管理思想已经成为现代中央银行发挥最后贷款人功能的基本理论依据，可以视为中央银行的早期货币管理规则。亨利·桑顿是一位职业银行家，因对中央银行的出色研究成就被称为"中央银行之父"，后来的著名经济学家李嘉图是他的客户。亨利·桑顿对货币以及中央银行的理解已经达到了非常高的水平，但因为当时并没有经济学这个学科，导致他的理论长期游离于主流经济学之外。

三分法：供给创造需求

1803 年，法国经济学家萨伊出版《政治经济学概论：财富的生产分配和消费》一书，该书将政治经济学的研究对象分为三部分：生产、分配和消费，形成了"三分法"。后来，穆勒加上了"交换"，形成"四分法"，成为近代经济学体系的首创者。萨伊定律中的思想也源于此书，萨伊定律为凯恩斯命名，核心思想是"供给能够创造其本身的需求"，萨伊被马克思称为法国庸俗经济学的创始人。萨伊是最早在欧洲大陆宣扬斯密的贸易自由放任思想的学者，其文章得到拿破仑赏识，曾被拿破仑一世委任为法官，又被派往财政委员会工作。李嘉图称萨伊为"大陆著作家中首先正确认识并运用斯密原理的人"。在现代，凯恩斯经济学的建立是从批判萨伊定理开始的。萨伊在经济学的写作方式上影响了穆勒父子，小穆勒在法国时就曾住在萨伊家里。萨伊说，一种产品从生产出来的那一时刻起，就给价值与它相等的其他产品开辟了销路。这其实强调的是"交易价值"。"交易价值"本身就意味着一种购买力。这句话被认为是萨伊定律"供给可以创造需求"的来源，可以用笔者的"平衡经济学"解释，即任何产品的供给过剩都是由其他产品的供给不足造成的。但萨伊定律中的供给创造需求并非基于产业链的需求，而是交易，包括穆勒在内的后世经济学家都认为供给创造的需求是产业链需求，这是错误的。供给确实可以诞生购买能力，但是这种购买能力是在交易之后形成的，如果没有交易这一环节，则供给不会转变为需求，可能转变为供给过剩。

比较优势贸易理论

1817 年，大卫·李嘉图在其代表作《政治经济学及赋税原理》中提出了比较成本贸易理论，后人称为比较优势贸易理论。比较优势贸易理论认为，国际贸易的基础是生产的相对成本的差别。每个国家都应根据"两利相权取其重，两弊相权取其轻"的原则，集中生产并出口具有"比较优势"的产品，进口具有"比较劣势"的产品。比较成本优势贸易理论在更普遍的基础上解释了贸易产生的基础和贸易利得，大大发展了绝对优势贸易理论。李嘉图是一名成功的股票经纪人，是当时的顶级富豪，与穆勒家族是世交。约翰·穆勒之父詹姆斯·穆勒鼓励李嘉图走研究经济学的道路，成就一代伟大经济学家。大卫·李嘉图的贸易理论在经济学史中是承上启下的，即上承亚当·斯密，将贸易理论纳入科学研究轨道，下启瑞典学派的贸易理论研究。

消费不足思想

1819 年，西斯蒙第发表《政治经济学新原理》，提出"消费不足"理论，指出小生产的破产和社会分配不公导致广大人民收入不足，进而影响消费，产生经济危机，他的"消费不足"理论对马克思和凯恩斯产生了重要影响。西斯蒙第是宏观经济学最早的探索者，也可以称为第一位宏观经济学家。他最早提出国民收入恒等式，为凯恩斯建立宏观经济学框架奠定了基础。他的思想影响了马尔萨斯的"需求不足"理论，马尔萨斯的"需求不足"理论又是凯恩斯思想的来源之一，因此，西斯蒙第从某种程度上可以说是宏观经济学的鼻祖。《政治经济学新原理》一书出版后很快就被译成意大利文，对当时正在撰写《政治经济学原理的实际应用》的马尔萨斯有着直接影响。通过马尔萨斯，这本书又间接影响了李嘉图《政治经济学及赋税原理》第二版所增加的篇章《机器论》。

有效需求不足思想

　　1820 年，英国经济学家马尔萨斯发表《政治经济学原理》，指出由于社会有效需求不足，存在产生经济危机的可能。1936 年，凯恩斯发表《就业、利息、货币通论》（简称"《通论》"），重提有效需求不足，并建立起比较完整的有效需求不足理论。马尔萨斯被凯恩斯尊称为第一位剑桥经济学家。他是第一位职业经济学家。马尔萨斯与李嘉图一生维持了既是论敌又是朋友的关系。马尔萨斯的理论出版比西斯蒙第晚一年，被认为抄袭了西斯蒙第。其实"有效需求"一词在亚当·斯密的《国富论》出现过。

第三章

边际革命与新古典时代的经济学

古典时代的经济学被称为政治经济学，到了新古典时代，经济学就直接被称为经济学了。这种转变源于西尼尔的"纯经济学"提法，起核心推动作用的是凯恩斯父亲的著作，他彻底区分了"实证经济学"和"规范经济学"，并且主张经济学放弃规范分析和价值判断。后来，马歇尔的经济学教科书是新古典经济学的代表。

经济学"去政治化""去规范化"后，催生了微观经济学。新古典经济学奠定了当代微观经济学的基本框架，主要包括主观边际效用价值论、均衡价格理论、一般均衡理论、福利经济学等。其中边际分析和均衡分析是新古典经济学的两大特征。这些经济学理论都是数学化表达的。马歇尔之所以成为新古典经济学的代表人物，并非因为他的巨大贡献，而是他的书更流行。新古典经济学的代表人物大部分都在欧洲大陆，如古诺、瓦尔拉斯，英国的部分经济学者后来才加入新古典阵营，如杰文斯、埃奇沃思。

欧洲大陆的新古典经济学成果传播到英国，杰文斯是桥梁，因为杰文斯有收集经济学小册子的习惯。杰文斯发现了戈森、古诺等学者，并按照他们的路径展开学术研究，这样让欧洲的新古典经济学研究成果在英国扎了根。杰文斯有个伟大的邻居——埃奇沃思，他继承了杰文斯的衣钵，提出了无差异曲线等分析方法，继续完善新古典经济学。埃奇沃思又是马歇尔的朋友，《经济学人》杂志的主编。这样新古典经济学开始统治英国的核心期刊以及教材，新古典经济学的兴起导致古典经济学在英国出现断代，直到凯恩斯重新发现马尔萨斯，但马尔萨斯的成果其实来自法国的西斯蒙第。新古典经济学的核心部分仍然是法国人完成的，法国人瓦尔拉斯在瑞士洛桑大学创立了洛桑学派，提出了一般均衡理论。他的弟子帕累托又提出了帕累托最优，为创立福利经济学奠定了基础。自此，新古典微观经济学的框架基本形成。

新古典经济学时代，德国历史学派已经进化到本土第二代，并且开始在美国和奥地利传播。历史学派在美国演变成制度学派，仍然强调历史演化和社会统计实证。奥地利学派从历史学派那里学习了货币理论，从而开辟了奥地利学派的"第二春"。第一代奥地利学派的掌门人——门格尔的核心成就是主观边际分析。第二代奥地利学派的掌门人——庞巴维克则将奥地利学派成功变成了以货币与经济周期理论为主的学派。第二代奥地利学派的两个代表人物维塞尔和庞巴维克其实都是德国历史学派的门生，他们都师从旧历史学派的骨干克尼斯。奥地利学派庞巴维克的货币理论雏形其实形成于德国留学的课堂上，这是其他史学家很少披露过的，奥地利学派自身也从不主动提及这些。在门格尔时代，奥地利学派并没有比较突出的货币理论，维塞尔和庞巴维克也并非直接师从门格尔。与奥地利学派不同的是，美国制度学派的经济学家一直承认自己的历史学派传承，而且他们成立美国经济学会，创立《美国经济评论》期刊，以及之后成立美国国家经济研究局，都是为了更好地传承历史学派的研究特色。

新古典时代的经济成果不只是源于法国的数学形式主义的价格理论，新古典时代在德国、英国还诞生了各种货币、财政理论，但是因为马歇尔在这方面存在知识缺陷，这些思想并没有被吸收到教材中，而且马歇尔的《经济学原理》一书本质是他个人的学术代表作，而非真正意义上的教材。这个时代在货币理论方面诞生了比较完善的"货币信用创造论"，这一理论的代表人物是麦克劳德，麦克劳德与马歇尔是同时代的经济学家，还与马歇尔竞争过剑桥大学的教授职位。英国此时出现了"纯货币经济危机"理论，也诞生了央行"最后贷款人"理论；在德国货币理论也进化到了"国家货币理论"的高度。这些伟大的理论一尘封就是近100年的时间，直到20世纪末及2008年的全球经济危机之后才慢慢复活。新古典时代，德国还诞生了现代财政税收理论，新历史学派的瓦格纳不再仅仅是把税收作为筹集国家经费的纯财政手段，更重要的是将其作为改变国民收入分配的工具，赋予税收广泛的经济调节和社会职能，其中具有代表性的有施泰因的"赋税财税学说"、瓦格纳的"瓦格纳法则"等，德国历史学派还帮助德国的俾斯麦建立了人类最早的社会保障体系。德国历史学派第三代代表人物为桑巴特和马科斯·韦伯。桑巴特在《现代资本主义》一中提出了"资本主义精神""企业家精神"的概念，影响了后来的熊彼特；马科斯·韦伯在桑巴特的研究基础上写出了《新教伦理与资本主义精神》，但桑巴特并不认同马科斯·韦伯的研究，认为资本主义起源于犹太教精神。马科斯·韦伯还在《社会科学和经济科学"价值无涉"的意义》一文提出了经济学的"价值无涉"思想，导致现代经济研究的"去价值化"，客观上对社会主义经济学研究形成冲击。

新古典时代的美国经济学也不是自由主义的，而是由"进步运动"主导，美国经济学会是由一帮德国留学生主导成立的，他们继承的是德国历史学派的传统，但又与历史学派完全不同，他们更加注重对制度的研究。凡勃伦的"有闲阶级论"、现代企业研究，康芒斯的制度研究、利益集团研究、集体行动研究，米切尔的经济周期研究，都对后世影响很大。克拉克父子还推动了美国《反垄断法》的出台，伯利和米恩斯对现代企业的"委托代理"研究是后来企业理论的来源，这些都是美国进步运动的主要组成部分。后来，这些人的弟子又进入罗斯福新政的班子，成为新政的制定者。在纯经济学方面，克拉克提出了"有效竞争"理论，打破了完全竞争的神话，同时也解决了"马歇尔冲突"。

新古典时代，德国、美国很多经济学家的成就没有进入主流与萨缪尔森有关。二战后，经济学家绝大多数都学习过萨缪尔森的教材。萨缪尔森自称"最后一个经济学通才"，但他对凯恩斯之前的宏观经济研究、美国制度学派的研究成果、德国的货币财政研究都缺乏足够的了解，特别是他不是货币学家，又很排斥与货币有关的理论，这不是由他的历史局限造成的，而是由他的知识局限造成的。萨缪尔森的经济知识基本盘仅限于凯恩斯后期的经济学，后来通过俄林了解了国际贸易理论、通过马斯格雷夫了解了公共产品理论，但其他理论就无甚可言，因此，他远远称不上"通才"。萨缪尔森的《经济分析基础》一书还对经济学的"去描述化"产生了重要影响，将经济学变成了以纯数学模型主导的学问。

　　新古典时代同样继续发展着宏观经济学，主要是按"克尼斯—庞巴维克—维克塞尔—凯恩斯"的路径传播的。维克塞尔完成了一般宏观货币均衡体系，这个体系足以与新古典的一般均衡体系相媲美，但却是"中看不中用"的。凯恩斯在翻译维克塞尔的著作时发现了这个体系，并成为这个体系的痴迷者，奥地利学派至今也没有走出这个体系，并且在这个体系上不断完善。最终终结这个体系的不是任何一位经济学家，而是"大萧条"。凯恩斯在《通论》中提出"资本边际收益率崩溃"的理论，直接指出货币政策在拯救经济萧条方面失灵的原因。《通论》导致宏观经济学中财政主义的兴起。凯恩斯经济学虽然是从"有效需求不足"理论出发，但建立的是一套"财政主义"的理论体系。

　　后人经常将新古典时代等同于自由放任时代，这其实是严重的错误。这个时代的最强音是马克思的阶级革命学说，其他经济学家大多也是社会主义者或是社会主义的倾向者。提出一般均衡的瓦尔拉斯一直主张"土地、铁路国有"，坚称自己是科学社会主义者。帕累托也有社会主义倾向，曾经保护过社会主义者。穆勒也存在社会主义倾向。马歇尔也经常在工人集会上演讲，甚至在经济学原理中声称那些一味吹捧资本、排斥政府作用的人配不上经济学家的头衔。"阶级调和""阶级合作"是那个时代大部分经济学家的主张，边沁、穆勒、马歇尔都主张阶级调和，甚至也出现了很多合作主义的经济模式，伦敦政治经济学院也是一批"费边社会主义者"建立的。马歇尔的"局部均衡"和瓦尔拉斯的"一般均衡"仅仅是一个经济模型，切不可一叶障目，将其等同于作者的意识形态。马歇尔、瓦尔拉斯看重个人品德，与那些只会吹捧资本、对底层人民缺乏怜悯心的自由主义者完全不同，甚至"守夜人政府"这个词汇都是从社会主义阵营中借用来的。"守夜人政府"是社会主义者用于讽刺当时德国政府的，米塞斯在引用"守夜人政府"这个词汇时，每次都会提到他的真正提出者——德国工人领袖拉萨尔。我们可以分享一句马歇尔的名言：贫困的原因也是大部分人类堕落的原因，他们工作过度，教育不足，疲劳和积忧成疾，既无安宁，也不得空闲，他们得救的机会是经济学研究主要的和最高的旨趣，经济学就是精明的科学和热爱人民相结合的一种职业。

新古典时代因为尚未形成成熟的宏观经济治理方案，所以包括马克思主义在内的各种社会主义方案成为人们改造社会的唯一选择，这一局面一直持续到凯恩斯主义经济学的出现。

竞争性过度投资

1826年，约翰·穆勒在《纸币与商业困境》中提出了"竞争性过度投资"的理论。罗伯逊认为，"正是由于技术创新和设备更新，再投资的浪潮造成自然利率出现变化，从而导致经济不稳定"。

边际效用价值论

1833年，英国经济学家劳埃德提出边际效用价值论。他认为，商品价值只表示人对商品的心理感受，不表示商品某种内在的性质；价值取决于人的欲望以及人对物品的估价，会随物品数量的变动而变化，并在被满足和不被满足的欲望之间的边际上表现出来。

劳埃德实际上区分了效用和边际效用这两个概念，而且暗示物品价值取决于边际效用。

纯　经　济

1836 年，英国经济学家西尼尔在《政治经济学大纲》中提出了"纯经济理论"。西尼尔提出政治经济学应脱离所有的价值判断、政策建议及增加福利的努力，集中精力分析财富的生产和分配。他认为，经济学家的任务是阐释原理，而不是提供政策建议。此外，书中还提出"节欲论"，认为资本家的利润来自资本家省吃俭用。该书是资产阶级辩护经济学的经典之作，促进了"政治经济学"向"经济学"转变，马克思称其为经济学的庸俗化。

需求函数与古诺均衡

1838 年，法国经济学家古诺出版《财富理论数学原理的研究》。他认为，某些经济范畴、需求、价格、供给可以互为函数关系，因而有可能用一系列的函数方程表述市场中的关系，并且可以用数学语言系统地阐述某些经济规律。古诺最早提出需求量是价格的函数这个需求定理，并建立了分析寡头的双头模型。《财富理论数学原理的研究》常被当作数理经济学的开端，古诺也因此被称为"数理经济学之父"。古诺提出了"均衡"概念，并首次提出企业利润最大化的条件是边际成本等于边际收益。他曾在巴黎大学和里昂大学任教，担任过数学学院的院长，是法国勋级会荣誉军团成员，但他

的书出版后影响不大，因为当时法国学术界关注的是关于大革命的
争论以及日益扩大的社会主义思潮。直到 40 年后，因英国杰文斯
和法国瓦尔拉斯的高度推崇，才知名于世。古诺与瓦尔拉斯的父亲
是同学，古诺师从著名数学家拉格朗日，晚年从经济学转向哲学。
其哲学著作对中国哲学和文化推崇备至，认为未来能够拯救人类
者，唯有中国哲学。古诺与戈森是促使经济学数学化的两位关键
人物。

按 劳 分 配

1839 年，英国空想社会主义者布雷出版《对劳动的迫害及其救
治方案》一书，主张"等量的劳动应该得到相等的报酬"，最早使
用"按劳分配"一词。

知 识 资 本

1840 年，经济学家森捏提出知识资本概念。知识资本，是指能
够转化为市场价值的知识，是能为企业带来利润的知识和技能。知
识资本实质上是知识企业全部资本的总和。知识资本虽然常常以潜
在的方式存在，但却是企业、组织和一个国家的重要资产。知识资
本是企业真正的市场价值与账面价值之间的差距。知识资本概念拓
展了物质资本与非物质资本的概念，将无形资产和有形资产整合在
一起。

幼稚工业保护论与国民生产力理论

1841 年，德国经济学家李斯特在《政治经济学的国民体系》中提出了完整的国家主义经济学说，其中具有深远影响的是"幼稚工业保护论"，对于遏制亚当·斯密学说威胁德国工业起到了重要作用。此外，他还提出生产力理论以及发展国民生产力的观点。李斯特认为，"财富的生产力比之财富本身，不晓得要重要多少倍"，李斯特的思想主要是在美国时受汉密尔顿的影响，他认为，亚当·斯密的自由贸易理论只适用于农产品贸易，不适合工业品贸易。李斯特开辟了德国历史学派，使德国经济学至今保持着一定的国家干预色彩。

历史的研究方法

1843 年，德国经济学家威廉·罗雪尔发表《历史学派的经济学宣言》，标志着德国历史学派正式形成。"历史的方法"是与"哲学的方法"相对的，"哲学的方法"是哲学家尽可能抽象地去寻求概念或理论的体系，抛去了一切时间和空间的规定；历史的方法绝不轻率地赞赏或非难某一特定的制度，因为从来没有一种制度在所有文化阶段、对一切国民都是有效的或有害的，应该遵循事物的发展规律。历史学派以历史归纳法反对抽象演绎法，以国家主义反对世界主义，以对生产力的培植反对对交换价值的追求，以国家干预经济反对自由放任。

穆 勒 五 法

1843 年，英国经济学家穆勒出版《逻辑体系》一书，提出了著名的"穆勒五法"，即判明因果联系的五种逻辑方法：求同法、求异法、求同求异并用法、共变法和剩余法，是当时逻辑学领域的扛鼎之作。

吉 芬 商 品

1845 年，英国人吉芬发现，爱尔兰发生灾荒，土豆价格上升，而且需求量也增加了，这一现象在当时被称为"吉芬难题"。这种商品的特殊性在于——它的收入效应超过了替代效应。这就是吉芬发现的商品的需求曲线呈现出向上方倾斜的特殊原因。这类需求量与价格成同方向变动的特殊商品也因此被称作吉芬商品。

自然垄断概念

1848 年，英国经济学家穆勒出版著作《政治经济学原理》。该书指出，再分配不是收入的再分配，而是财富的再分配，也就是在赞同企业家赚取利润的同时，欢迎以"利润分享"和"生产者合作"作为增加工人财富的手段。穆勒还提出了自然垄断的概念，即由于自然资源的分布特性导致竞争无法展开的情形。该书是经济思想史上的第一次大综合，穆勒的经济思想主要来自其父亲及经济学家李嘉图。

机 会 成 本

1848 年，奥地利学派主要代表人物维塞尔在《自然价值》中首次提出"机会成本"的概念。机会成本，是指企业为从事某项经营活动而放弃另一项经营活动的机会，或利用一定资源获得某种收入时所放弃的另一种收入。维塞尔是奥地利学派创始人门格尔的女婿、庞巴维克的同学。维塞尔和庞巴维克在德国留学时都师从德国历史学派经济学家克尼斯，维塞尔为克尼斯的研讨会写的论文是关于价值与成本的关系问题，而庞巴维克写的是关于资本与利息。克尼斯是德国旧历史学派的骨干，培养了众多经济学家。

经济学是一门沉闷的科学

1849 年，英国历史学家托马斯·卡莱尔将经济学称为沉闷的科学。他认为经济学"不是一门'幸福科学'，它枯燥无味、孤独凄凉，事实上很令人绝望、沮丧，通常我们称之为沉闷的科学"。

社会统计学

1850 年，德国历史学派代表人物克尼斯把统计学的性质规定为"具有政治算术内容的社会科学"。他在《作为独立科学的统计学》一书中提出了国家论与统计学科学分工的主张。他认为，国家论是用文字记述的国势学的科学命名，统计学则是用数值研究社会经济规律的政治算术的科学命名。社会统计学的提出标志着国势学派与政治算术学派长期争论的结束。克尼斯是社会统计学派的创始人，同时也是奥地利学派维塞尔、庞巴维克和美国经济学的开创者克拉克在德国留学时的老师。

边际效用理论与戈森定律

1854 年，德国经济学家戈森出版《人类交换规律与人类行为准则的发展》，提出"戈森定律"，即边际效用递减规律和效用最大化规律（边际效用相等规律），为边际效用学派的产生奠定了基础。戈森被视为边际学派的直接先驱者。

戈森对自己的著作非常自信，他在序言中写道："像哥白尼的发现能够确定天体在无限时间中运行的轨道一样，我自信通过我的发现，也能为人类准确无误地指明，他们为以最完善的方式实现资金的生活目的所必须遵循的道路。"但戈森的书出版后问津者寥寥，以至于他在绝望之余收回了所有剩余的书籍并销毁。直到 1878 年，英国经济学家罗伯特·亚当森在德国的一家书店中巧遇戈森的这本书，并将书中的内容推荐给他的好友杰文斯。杰文斯惊奇地发现他的边际效用理论早已完全由戈森提出了，因此，杰文斯将发明权归于戈森。随后，杰文斯在《政治经济学理论》再版的序言中对戈森的思想进行了详细介绍，自此，戈森的理论才逐渐被人所知，因而被称为"边际理论"的先驱者。戈森是第一个提出完整的建立于边际效用原理之上的消费者理论的人。"戈森定律"是奥地利学派经济学家维塞尔为其命名的。

朱格拉经济周期

1862 年，法国医生、经济学家克里门特·朱格拉在《论法国、英国和美国的商业危机以及发生周期》一书中首次提出市场经济存在于 9～10 年的周期波动的观点。这种中等长度的经济周期被后人称为朱格拉周期，也称朱格拉中周期。朱格拉认为，"萧条唯一的原因是繁荣，这个周期长度为 9～10 年"。他是第三位改变世界的医生经济学家，前两位为英国政治经济学之父威廉·配第和法国重农学派领袖魁奈。

守夜人政府

1863 年 3 月，德国工人运动领袖拉萨尔发表《给筹备莱比锡全德工人代表大会的中央委员会的公开答复》，以反讽的方式将资产阶级政府称为"守夜人政府"。这一概念后来被奥地利学派的米塞斯继承，米塞斯在《自由与财产》中指出，在市场经济体制下，个人可以自由选择任何一种他们想要整合于其中的社会合作结构的活动方式。只要存在市场交换，就有自发的个人行为。这种体制被称作自由放任主义。正如拉萨尔所说的"守夜人政府"那样，此体制下有自由存在，是因为个人可以自主地计划自己。此外，米塞斯在《闭关自守及其后果》中也提到，在每个国家都坚定地坚持民主和资本主义政策的社会—经济制度中，政权不是万能的上帝，而不过是——正如拉萨尔轻蔑地说的——"守夜人"。拉萨尔是全德工人联合会的创始人，小马克思七岁，与马克思有过合作，也有过分歧。

杰文斯悖论

1865 年，英国经济学家杰文斯在《煤炭问题》一书中提出杰文斯效应，也称杰文斯悖论。杰文斯悖论，是指技术进步可以提高自然资源的利用效率，但结果是增加而不是减少这种资源的需求，因为效率的提高会导致生产规模扩大。这就带来了技术进步、经济发展和环境保护之间的矛盾和悖论。在杰文斯生活的时代，有人认为可以通过技术降低煤的浪费、提高利用率来缓解矛盾。对此，杰文斯则持反对意见，他论述道："每一次蒸汽机的成功改进都进一步加速了煤炭的消费，煤炭利用的效率越高、越经济，都导致生产规模的扩大和煤炭需求的增长。"如省油汽车的大量推广实际上增加了总的行驶里程，因此，耗油总量是上升的。

剩 余 价 值

1867 年，马克思的《资本论》第一卷在德国汉堡出版，书中揭示了剩余价值的来源，分析了剩余价值的产生过程和资本积累过程，指出了资本主义的历史趋势。这部著作的出版标志着马克思主义经济学说的形成，成为世界共产主义运动及社会主义国家建立的理论源泉。马克思早年曾自学德国历史学派的经济学，因此，书中关于生产力的理论也受到德国历史学派的影响。马克思主义经济学中的劳动价值论、剥削理论则来自李嘉图。马克思于 1883 年 3 月去世，同年 6 月经济学家凯恩斯出生。

理性人假设

1871 年，英国经济学家杰文斯出版《政治经济学理论》，用导数表述边际效用概念，借助数学推理论证了两种商品之间交换的均衡价格的形成过程。杰文斯在书中第一次描述了"理性人"，即经济学构建出的只会做出理性决策的人。他解释了理性消费者是如何努力将效用最大化的，当消费者在购买特定的商品时，他们如果认为把下一块钱花在其他方面能获得最高的效用，那么就会停止购买特定的某商品。杰文斯出生于马尔萨斯死后的第二年，与马歇尔、埃奇沃思处于同一时代，但他比马歇尔年长七岁，比埃奇沃思年长十岁，曾担任马歇尔参加剑桥大学伦理学学位考试时的监考人。杰文斯与埃奇沃思是伦敦居住时的邻居。在杰文斯的影响下，埃奇沃思对数学、统计学和怎样将其运用于经济学产生兴趣。杰文斯最开始担任曼彻斯特大学欧文学院逻辑、道德哲学及政治经济学教授，《政治经济学理论》出版后，1875 年他转任伦敦大学大学学院政治经济学教授。1881 年，马歇尔的弟子福克斯·韦尔接替杰文斯担任了伦敦大学大学学院政治经济学教授。当时马歇尔希望为他的经济学争取更多重要的学术领地，竭力鼓动他接受这个职位。

门格尔提出边际效用

　　1871 年，门格尔出版《国民经济学原理》，阐述了边际效用价值论。在他看来，物品成为财货须具备四个前提条件，需要大于支配量的财货叫经济财货，而只有经济财货才具价值。价值的本质是主观的，即它既不附属于财货，也不是财货应有的属性，更不是独立存在的，而只是人们从对财货满足欲望的强度的主观评价中得出的。价值的衡量尺度同样是主观的，因为人们的欲望满足呈递减趋势，一种财货的数量越多，人们对其主观评价的重要性越低。这样，财货的价值就取决于该财货所能满足的各种欲望中重要性最小的欲望。这就是后来所说的"边际效用"决定价值。门格尔本来是一名记者，后来进入奥地利首相办公厅新闻部工作。工作期间，他撰写了《国民经济学原理》，著作出版两年后荣获维也纳大学法律系的"杰出教授"名号，后来担任奥地利王储的导师，陪同王储游历欧洲各国，回国后被任命为维也纳大学政治经济学讲座教授，从此进入完全的学术生活。其实，马歇尔、杰文斯、门格尔并没有发明或发现边际主义，在他们"发现"之前的几十年中，就已经有学者在研究和探讨边际分析方法了，例如法国人奥古斯丁·古诺的《财富理论之数学原理的研究》（1838）、德国人冯·屠能的《孤立国》（1826—1863），H. H. 戈森的《人类交互规律的发展》（1854）等。戈森在他的书中系统地阐述了新古典经济学的大部分原理。门格尔的学说在后来发扬光大主要得益于他的女婿维塞尔以及维塞尔的同学兼妹夫庞巴维克，亲情关系在早期经济学传承中发挥着非常重要的作用。

货币的信用创造理论

1872 年，英国人麦克劳德出版《信用的理论》，力倡货币信用创造学说。他认为，"银行及银行业者的本质是信用的创造和发行，所以银行绝不是借贷货币的店铺，而是信用的制造厂"。此外，麦克劳德最早（1875）提议把政治经济学改为经济学，还提出格雷欣法则，即"劣币驱逐良币"。麦克劳德对货币的认识也非常先进。他认为货币可以由任意材料构成，代表的是可转让债务。麦克劳德在学术上与马歇尔是竞争关系，他们曾共同竞争过剑桥大学政治经济学教授的职位。最后，麦克劳德在竞争中落败，这是经济学领域的一种损失。麦克劳德对经济学的理解要超过马歇尔，他的货币信用创造学说被后凯恩斯学派称为内生货币理论。

央行的最后贷款人职责

1873 年，英国经济学家沃尔特·白芝浩出版《伦巴第街：货币市场记述》一书，提出了"白芝浩原则"，即在金融危机时，银行应当慷慨放贷，但只放给经营稳健、拥有优质抵押品的公司，而且要以足够高的、能吓走非急用钱者的利率来放贷。书中提出"央行最后贷款人"概念。沃尔特·白芝浩是《经济学人》创立者和拥有者詹姆斯·威尔逊的女婿，詹姆斯·威尔逊去世后，沃尔特·白芝浩接管了《经济学人》，被称为《经济学人》历史上最伟大的主编。

一般均衡理论

1874 年，法国经济学家瓦尔拉斯出版《纯粹政治经济学纲要》一书，以边际效用价值论为基础，考察了市场上商品的供给、需求和价格相互依存、相互制约，达到均衡状态的价格决定过程，创建了一般均衡的理论体系。瓦尔拉斯的一般均衡理论后经帕累托、希克斯、谢尔曼、萨缪尔森、阿罗、德布鲁以及麦肯齐等经济学家的改进和发展，形成现代一般均衡理论。瓦尔拉斯还区分了企业家和资本家，把市场分为产品市场和要素市场。瓦尔拉斯的思想来自他的父亲和古诺，瓦尔拉斯的父亲是古诺的同学。瓦尔拉斯接受他父亲用"稀缺性"表示效用，用效用衡量价值的观念，进一步用"稀缺性"表示边际效用，用边际效用衡量价值；瓦尔拉斯还接受了父亲关于社会正义的哲学，接受土地国有化的主张并一生坚持。瓦尔拉斯虽然提出了一般均衡，但他是个社会主义者，自称科学社会主义者，其科学社会主义与马克思的有所不同。

无差异曲线

1881 年，埃奇沃思去牛津大学当教授之后出版了名著《数学心理学：试论数学对道德诸科学的应用》，他用无差异曲线解释边际效用、边际效用递减规律和实现消费者效用最大化的消费者均衡理论，克服了效用如何计量的困难问题。埃奇沃思是杰文斯的邻居，思想上受杰文斯的影响。他写这本书是从杰文斯的《政治经济学理论》得到线索，进而阅读了古诺、戈森、瓦尔拉斯和马歇尔的著作，还得到了杰文斯的帮助。埃奇沃思与马歇尔是好友、与凯恩斯是同事，是英国著名杂志《经济学人》的首任编辑，凯恩斯是其继任者。

瓦格纳法则、社会政策、公共服务、国家的生产性

1882 年，德国著名经济学家阿道夫·瓦格纳在对许多国家公共支出资料进行实证分析基础上得出著名的瓦格纳法则，即当国民收入增长时，财政支出会以更大比例增长，随着人均收入水平的提高，政府支出占 GDP 的比重会提高，这就是财政支出的相对增长，被后人归纳为瓦格纳法则，又称政府活动扩张法则。阿道夫·瓦格纳是财政学的创始人，也是新历史学派的代表人物，先后在维也纳商学院、汉堡大学、弗赖堡大学和柏林大学任教授，曾任普鲁士国会下院议员和上院议员。瓦格纳认为，国家应为"社会国家"；首次提出社会政策（1891）和公共服务的概念；提出了社会政策税收理论，认为税收是矫正社会财富与所得分配不均的手段。瓦格纳认为国家的活动是"生产性"的，公共财政支出也是生产性的，他的社会政策被称为生产性社会政策。他还提出了社会保险理论，俾斯麦采纳了他的理论，建立了由雇员、雇主和国家三者承担的人类最早的社会保障制度。瓦格纳著有《政治经济学教程》（1876）、四卷本《财政学》（1877—1901）、《政治经济学原理》与《社会政策思潮与讲坛社会主义和国家社会主义》等。

社会科学方法论战

1883 年，门格尔出版第二部著作《关于社会科学、尤其是政治经济学方法的探讨》，这本书引发了奥地利学派与德国历史学派关于经济学方法的论战，论战持续到 20 世纪初才结束。门格尔与施穆勒经济学方法论最核心的是：一个采用了边际分析，一个拒绝引入边际分析。《关于社会科学、尤其是政治经济学方法的探讨》对自发秩序进行了更广泛的阐述，更为仔细地辨别了社会制度在没有人为设计情况下的出现过程，并将这样的过程置于社会科学的中心。门格尔将货币的产生作为自发秩序的典型案例，他认为，价格本身就是非人为设计的秩序的例子，产生于交易者的主观和边际评价。这种论证为奥地利学派将价格视为知识替代品的观念打开了大门，没有一个交易的参与者打算创建一种新的社会制度，每个人都只是想通过交换更好地满足自己的需求，从而改善自己的处境。18 世纪苏格兰道德哲学家亚当·弗格森对自发秩序（比如货币）给出了一个简短的定义，称其为"人类行为的结果，却非人为设计的结果"。在 1971 年出版的《国民经济学原理》中，门格尔首先论证了货币的自发形成过程，在《经济学方法论探究》一书中，门格尔又发展了这一理论，解释了国家的自发形成过程。后来，门格尔写道："同样，我们可以说，其他社会制度、语言、法律、道德规范，尤其是大量经济制度，也是在没有明文的协定、没有立法强制，甚至在不考虑公共利益的情况下，而纯粹是在自身利益的驱动下、作为追求这些利益的活动的产物而形成的。"门格尔的这些思想深深地影响了哈耶克。

时差利息论

1884 年，庞巴维克的《资本和利息》第一卷出版，提出利息时差理论，认为一切利息形态产生和利息的高低，都取决于人们对等量的同一商品在现在和将来两个不同时间内的主观评价的差异。庞巴维克虽然是奥地利学派的成员，但师从德国历史学派经济学家克尼斯，克尼斯写过《货币与信用》，因此，不难看出，奥地利学派的货币理论其实来自德国历史学派。凯恩斯则认为，利息是一定时期内，人们放弃货币流动性的报酬或放弃获取投资收益的补偿。显然，凯恩斯的定义更科学。

美国经济学会成立

1885 年，克拉克和理查德·伊利、亨利·亚当斯等德国留学生仿照德国新历史学派的社会政策学会创立了美国经济学会，其宗旨是推动德国式经济学的研究。在其创立原则声明和早期出版物中，美国经济学会揭示了德国历史学派的影响，根据伊利的说法，美国经济学会的成立既代表了对自由放任经济体制的抗议，也代表了对历史和统计研究的强调。美国经济学会的成立也是美国进步运动的标志事件之一，美国经济学会提倡国家引导和管理社会经济生活。他们在学会纲领中宣称："国家的积极参与是人类社会进步不可缺少的条件。尽管我们承认在工业化社会需要个人主动性和进取精神，但仍认为自由放任思想在政治上不安全、道德上不健康。"克拉克是美国经济学会第三任会长，为纪念他对经济学的贡献，美国经济学会设置了奖励青年经济学家的约翰·贝茨·克拉克奖，被称为"小诺贝尔奖"。伊利还于 1911 年创办《美国经济学评论》，曾经是进步的社会科学学者的重要活动阵地，目前由美国经济学会负责发行。

迂回生产理论

1889 年，庞巴维克出版《资本实证论》。庞巴维克主张效用价值论，以边际效用论代替马克思的劳动价值论，以利息时差论否定和代替马克思的剩余价值论，他这样做是为了达到掩盖资本主义剥削、粉饰资本主义制度的目的。他还提出迂回生产理论。迂回生产是一种生产方式，指先生产生产资料，再用生产出来的生产资料生产消费品。迂回生产可以提高生产效率，但迂回生产必须投资，迂回生产的代价是减少当前的消费，但迂回生产的过程较长。迂回生产理论成为奥地利学派经济周期理论的核心基础。

需求弹性、消费者剩余、规模经济

1890 年，马歇尔的《经济学原理》出版，独创运用均衡价格分析方法依次研究各个生产要素，即用上升的供给曲线和下降的需求曲线分析收入、成本的变化对价格的影响，提出了价格均衡论。书中还提出了需求弹性、消费者剩余、规模经济、内部经济、外部经济等经济学概念，并把萨伊的生产三要素扩充为生产四要素，即劳动、资本、土地、组织。他提出了消费者剩余概念，即消费者在购买一定数量的某种商品时愿意支付的最高总价格和实际支付的总价格之间的差额。商品"需求弹性"的大小与该商品价格的涨跌成反比。马歇尔于 1842 年出生，这一年刚好是大卫·李嘉图逝世 18 周年、马尔萨斯逝世 8 周年。马歇尔从哲学研究转向经济学，主要是通过自学穆勒的著作。需求弹性理论是马歇尔从理论上超越古诺等学者的核心贡献，是整个新古典经济学的根基。笔者在"平衡经济学"中提出了相反的观点，平衡经济学是以"供给难度""供给黏性"为核心概念建立的一套经济学理论。

马歇尔认为他首创了边际效用思想，在 1883 年给瓦尔拉斯的信中说："不能说我接受了杰文斯的'最后效用'学说，我在他的书问世之前已在剑桥公开讲授过它，不过我用的是另一个名词：'终点使用价值'。在古诺的指引下我已预见到了杰文斯著作的所有基本点，并在很多方面超过了他。因为我想对我的学说的实践方面进一步加工，所以我没有急于发表它。"马歇尔在 1908 年给克拉克的另一封信中说："我的价值论和分配论的基本观点实际上在 1867—1870 年间已经完成，杰文斯的著作一出版，我就看出了他同我的观点的异同。"

实证经济学与规范经济学

1891 年，经济学家凯恩斯的父亲——约翰·内维尔·凯恩斯出版《政治经济学的范围和方法》，指出政治经济学具有价值中立的性质。他区分了实证经济学和规范经济学，即前者研究"是什么"，后者关注"应该如何"，经济学家的实证角色是规律的揭示者，而经济学家的规范角色是描绘理想蓝图的"伦理学家"和"塑造知觉"的"艺术家"。经济学是一门科学而不是伦理学的分支，政治经济学研究应该独立于伦理判断，这为经济学脱离道德哲学建立自己的独立学科地位作出了贡献，他的著作成为剑桥大学经济学方法论方面的标准教科书。在凯恩斯的成长过程中，内维尔就已离开学术研究从事校务工作，但凯恩斯的经济学其实更偏向规范经济学。

累进税制度

1897 年，英国经济学家埃奇沃斯在其经典论文《赋税的纯理论》中提出累进所得税，通过累进的所得税进行收入再分配，从而实现整体社会福利最大化。1909 年，英国财政大臣乔治在其"人民预算"中首次使用累进所得税。

累积过程理论

1898 年，瑞典经济学家维克塞尔在《利息与价格》中提出累积过程理论，也被称为"货币价格理论""经济周期理论"，是第一次从货币角度解释经济周期的理论。他认为，货币利率低于自然利率（资本边际收益率）造成经济向上累积扩张，货币利率高于自然利率（资本边际收益率）造成向下累积紧缩，这是经济波动的根本原因。解决经济波动问题的根本出路就在于调节货币利率，使其与自然利率（资本边际收益率）一致，该理论成为奥地利学派经济周期理论的来源。维克塞尔曾在欧洲游学，因此，他的理论兼有奥地利学派、历史学派和洛桑学派三者的特征。维克塞尔被称为"北欧的马歇尔"，他比马歇尔小九岁，也基本处于同一时代，不过马歇尔是微观经济学的集大成者，维克塞尔的经济学成就主要是宏观经济学。英国经济学家凯恩斯通过翻译维克塞尔的经济学著作，了解到相关思想，他的《货币论》的核心思想来源于维克塞尔。维克塞尔的历史贡献是打破了传统的新古典经济学的"二分法"，将货币理论与经济理论作为一个整体来研究，这在当时是非常先进的。

边际生产力理论

1899 年，52 岁的约翰·贝茨·克拉克出版《财富的分配》一书，他提出边际生产力理论，也就是现在经济学教科书中的厂商最优生产理论。此外，在书中，克拉克还第一次区分了"静态经济学"和"动态经济学"。克拉克早年留学德国，师从旧历史学派的代表人物卡尔·克尼斯。克拉克在卡尔顿学院任教时培养了后来的著名经济学家凡勃伦，凡勃伦创立了美国制度学派，并奠定了美国经济学制度研究的传统。克拉克的儿子约翰·莫里斯·克拉克也继承了这一传统，成为旧制度学派之后美国制度主义经济学的重要代表人物。制度学派后来成为美国最有影响力的经济学说，制度主义者也成为美国最具影响的经济学家，其中代表人物有凡勃伦、康芒斯、米切尔等。

美国制度学派与炫耀性休闲

　　1899 年，美国经济学家凡勃伦出版《有闲阶级论》，提出炫耀性消费、炫耀性休闲的概念。凡勃伦效应是指消费者对一种商品需求的程度因其标价较高而不是较低而增加。它反映了人们挥霍性消费的心理愿望。商品价格定得越高，越受消费者的青睐。商品价格越高，消费者反而越愿意购买，这类商品也被称为凡勃仑商品。凡勃伦是美国制度学派的创始人，美国制度学派是德国历史学派的一个变种，它把德国历史学派的历史研究方法演化为对经济制度演进的研究。美国历史制度学派的另一位代表人物康芒斯就是伊利在约翰·霍普金斯大学的学生。凡勃伦一生遇到了很多名师，他在卡尔顿学院时师从克拉克，在约翰·霍普金斯大学读研究生时师从著名哲学家查理斯·桑德斯·皮尔斯，即实用主义学派的创始人，其学生杜威将他的实用主义学说发扬光大。凡勃伦和杜威是皮尔斯最有名的两个弟子，凡勃伦博士就读于耶鲁大学，导师是威廉·格雷厄姆·萨姆纳，主张社会进化论，是美国颇具影响力的社会达尔文主义者，凡勃伦的社会演化思想即来源于他。凡勃伦认为，制度是历史过程的产物，只适用于过去的情况，因此从来都不会与当前的要求相适应。

过度储蓄理论

　　1889 年，霍布森同穆莫里合著的《工业生理学》中提出过度储蓄理论，认为过度储蓄是资本主义周期性经济危机的原因。该理论

在 1902 年霍布森出版的《帝国主义》一书中得到完善和发展。过
度储蓄理论认为，储蓄过度是资本主义社会周期性经济危机产生的
基本原因，是帝国主义产生的经济根源，主要内容包括：①在资本
主义社会，收入分配不均是储蓄过度产生的基本原因；②过度储蓄
会导致供给大于需求，从而使供给根本不可能创造自己所需的需
求，进而发展为一般的生产过剩，影响充分就业的实现；③利率虽
然能调节储蓄的供给与投资的需求，但是不能遏制过度储蓄，同
时，利率的下降也不能促使消费增加；④储蓄过度是帝国主义实行
对外投资的本质所在，是帝国主义的经济根源。1913 年，凯恩斯看
到《工业生理学》这本书，颇受影响，加上《蜜蜂寓言》的影响，
凯恩斯后来出版了《就业、利息和货币通论》。

随机游走理论

1900 年，法国数学家路易斯·巴舍利尔发表论文《投机理论》，
这是"随机游走"金融理论的起源。巴舍利尔认为，股票价格是独
立的。此外，他指出，过去的定价数据与股票的未来价格无关。根
据巴舍利尔的观点，股票价格代表了"酒鬼的步骤"，与前一步相
比，下一步更难以预料。巴舍利尔关于这个问题的研究一直处于休
眠状态，直到 20 世纪 60 年代"有效市场假说"（EMH）在金融界
获得立足点。根据"有效市场假说"，证券的当前市场价格反映了
所有可用信息，并且是其"真实"价值。这个概念对随机游走理论
很重要，即如果当前市场价格完全代表证券的实际价值，那么任何
分析方式都无法提供对价格未来走势的见解。1973 年，普林斯顿大

学经济学教授伯顿·马尔基尔的畅销书《漫步华尔街》在很大程度
上归功于将随机游走理论引入现代经济学的最前沿。

精英循环理论

1901 年，意大利经济学家帕累托出版《精英的兴衰》，提出精
英循环理论。该书认为，人类社会始终存在资源分配不平等的问
题，任何社会都存在着被统治的广大群众与占统治地位的一小部分
人之间的分离和对立，精英阶层只能循环，不可能退出统治阶层，
其他人只能依附于精英而被统治，因此反对民主和平等。该书相关
理论被扭曲利用后成为世界法西斯主义的思想来源。帕累托当年对
意大利 20% 的人口拥有 80% 的财产的观察被美国管理学家约瑟
夫·朱兰演绎成著名的"二八法则"。帕累托是瓦尔拉斯的学生，
早年也信仰社会主义。

企业家精神与市民精神

1902 年，39 岁的桑巴特出版两卷本著作《现代资本主义》，成
为 20 世纪初权威的资本主义分析者。书中提出"企业家精神"的
概念，桑巴特指出，企业家精神是"一种勇武的精神""一种不安
静和不疲倦的精神"，与市民精神一道组成了资本主义精神，资本
主义精神创造出了近代资本主义。桑巴特对近代企业家精神的礼赞
在出版后遇冷，韦伯受其影响出版《新教伦理与资本主义精神》，
继续追溯资本主义精神的来源。比他小整整 20 岁的熊彼特也继承

了他的企业家精神和创造性破坏等概念继续进行资本主义研究。企业家精神的最终发扬光大者是熊彼特的弟子、后来成为管理大师的德鲁克。桑巴特曾与韦伯参加创立德国社会学会的工作，并合办了《社会科学与社会政策》杂志。桑巴特还有《为什么美国没有社会主义》（1906）、《犹太人与经济生活》（1911）、《资本主义》（1930）和《新社会哲学》（1934）等著作。在《现代资本主义》中，他声称其工作是马克思工作的继续和对马克思工作的完善。但其在学术研究的后半段反对马克思用经济决定论解释资本主义的起源，强调资本主义的进化过程是文化的演进过程，是理性精神指导下的发展过程，资本主义精神是资本主义发展的起源。因此，桑巴特转而与右翼反资本主义势力结盟，并转向法西斯主义——这成为桑巴特一生的污点。桑巴特同意韦伯关于宗教伦理对资本义精神及对资本主义的产生具有重要影响的论点，但是，他不同意韦伯将资本主义的产生与新教伦理结合的观点，提出资本义产生于犹太教的主张。在《资本主义的精华》中，桑巴特指出，"清教一直是资本主义的对立物，尤其是资本主义经济观的对立物"。

帝 国 主 义

1902 年，英国经济学家霍布森出版《帝国主义》，这是历史上第一部研究帝国主义的专著，认为帝国主义形成的原因在于经济而非政治和军事。他指出，帝国主义就是一个国家为了自己的目的而对他国制度与生活的控制，并指出几个势均力敌的帝国互相竞争和商业利益被金融利益或投资利益所左右，是现代帝国主义与老帝国主义的两大区别。现代帝国主义是由追求私利的政界权贵、冒险家、大公司代理人、投资者等结成的联盟。帝国主义奉行军国主义和官僚政治，具有掠夺性和寄生性，破坏民主，践踏自由，是现代民族国家最突出的危险。霍布森的帝国主义学说被列宁继承与发展。

计划经济思想

1902—1903 年，意大利新古典经济学家帕累托出版两卷本《社会主义制度》，首次提出社会主义要实行中央计划经济管理的思想。他在《社会主义制度》一书中指出，社会主义制度能够创造并实现"最优福利状态"的条件，达到生产资源的有效配置。他提出可以设立"一个社会主义的生产部"，由它实行经济计划，使之达到与市场均衡力量作用的结果一致。

资本收益力

1904 年，凡勃伦出版《企业论》，认为现代文明的物质基础是工业体系，而使它活跃起来的主导力量是企业。在凡勃伦看来，资本的价值不在于它的账面价格，而在于资本的收益力。凡勃伦说："任何一项资本的价值，关键在于它的收益力，或者用数学的措辞来说，资本的价值是它的收益力的一个函数，而不是它的主要成本机械效率的函数。"正是由于"机器操作"和"企业经营"的对立，现代社会才会相应地分为两个阶级，即企业家和技术人员。企业家占有企业，经营企业，追求商业利益；技术人员管理"机器操作"，管理生产过程，但受制于企业家。凡勃伦进一步设想，工程师以技术人员组成的苏维埃来管理社会，实现全面的技术专家治国。

序数效用论

1906 年，意大利经济学家帕累托出版《政治经济学教程》一书。他在序数效用论的基础上，借助序数效用指数和"无差异曲线"等概念，论证了一般均衡理论，并且提出"帕累托最优"，即在没有使任何人境况变坏的前提下，至少使一个人变得更好。帕累托是瓦尔拉斯的弟子，40 岁才开始学习经济学，与瓦尔拉斯同为洛桑学派的代表人物。

第四章

宏观经济学的萌芽与诞生

　　大萧条之后的宏观经济学基本上等同于凯恩斯经济学，但是大萧条之前却不是这样。宏观经济学从古典时代的西斯蒙第、马尔萨斯时期就已萌芽，到了新古典时代宏观经济学已经形成几大体系，包括德国经济学家克纳普的国家货币理论、英国经济学家霍特里的纯货币经济危机理论、瑞典学派维克塞尔的累积过程理论、奥地利学派的迂回生产理论等。这些理论都先于凯恩斯经济学诞生，但是凯恩斯经济学诞生后，这些理论都黯淡无光，因为这些理论虽然在解释经济危机方面比凯恩斯经济学更具理论魅力，但却拿不出解决经济问题的政策工具。在大萧条面前，人们不需要马后炮式的解释，而是需要解决经济危机的办法，凯恩斯主义经济学的全面胜出并不在于他构建的"有效需求不足"理论体系是多么完美精湛，而在于他的"财政投资"政策的立竿见影。

　　凯恩斯经济学形成之后，开始掀起世界范围内的学习凯恩斯经济学的热潮，最先加入这股热潮的是他在英国的弟子及朋友们，卡恩、希克斯、汉森、勒纳、哈罗德、米德、斯通等学者，一起参与建构了凯恩斯经济学最初的理论框架。其中，希克斯贡献了凯恩斯经济学与一般均衡相结合的模型；勒纳提出了功能财政概念，最能体现凯恩斯经济学的核心精髓；斯通和米德在凯恩斯的指导下构建了 GDP 统计体系；哈罗德提出了基于储蓄与投资的经济增长模型，该模型提炼了凯恩斯经济学的精华；汉森不仅提出了补偿财政的概念，还在哈佛大学开办"财政政策研讨班"，为凯恩斯学派在美国的壮大培养了大量人才，奠定了第二代凯恩斯主义者的基础。他们在经济学界被称为新古典综合派，代表人物主要有萨缪尔森、索洛、托宾、莫迪利安尼、奥肯、多玛、马斯格雷夫等，萨缪尔森贡献了《经济学》教科书以及公共产品理论、合成谬误理论、自动稳定器理论等，在凯恩斯货币投机需求理论的基础上，托宾提出了资产组合理论，索洛提出了"索洛增长模型"，奥肯提出了潜在 GDP 的概念。

美国第二代凯恩斯主义学者虽然对巩固凯恩斯经济的正统地位有巨大贡献，但没有对凯恩斯主义经济学的核心领域做出太多的拓展。凯恩斯经济学的核心是反对货币调控，主张财政调控，但第二代凯恩斯主义者都没有在这方面进行研究，相反，经萨缪尔森、索洛完善后的"菲利普斯曲线"又将货币政策请了回来。萨缪尔森在福利经济学、国际贸易、宏观经济学、消费者理论等领域都留下了相应成果，但在货币学、财政理论上却乏善可陈。他们没有为凯恩斯经济学建立更深、更宽的护城河，关键是他们都生存在和平年代，他们进行学术研究的黄金时代正是凯恩斯经济学最鼎盛的时期，并没有面临太多的挑战。第二代凯恩斯主义者的辉煌时刻是肯尼迪政府时期，萨缪尔森婉拒总统顾问委员会主席，最后由托宾的弟子海勒担任，其他凯恩斯学派的大佬们都是顾问。

后来，萨缪尔森与索洛引入"菲利普斯曲线"，导致凯恩斯学派的"滑铁卢"。"菲利普斯曲线"是经济学家菲利普斯于 1958 年的一篇论文中提出的，本来是研究失业率与工资增长的关系，即二者成负相关关系。1960 年，经萨缪尔森和索洛改造后，变成失业率与通货膨胀率呈现负相关关系，后来弗里德曼、卢卡斯等人纷纷对菲利普斯曲线发难。其实在经济学界没有人质疑凯恩斯的资本边际收益率崩溃理论和流动性陷阱理论，也没有人质疑他的"乘数-加速"模型，这也是凯恩斯经济学最核心的成果。"菲利普斯曲线"虽然有菲利普斯之名，但其实是萨缪尔森曲线，质疑"菲利普斯曲线"成就了弗里德曼、卢卡斯等学者的崛起。

与凯恩斯同时构建宏观经济理论的还有美国的费雪和熊彼特，但是他们同样抵挡不住凯恩斯经济学的光芒，因为凯恩斯的思想体系太庞大了、太有魅力了。熊彼特基于创新的经济周期理论在 20 世纪 80 年代互联网创新兴起之后才开始大放异彩，这主要得益于其弟子德鲁克的推广。费雪的债务通缩理论在 2008 年全球经济危机之后才成为主流，因为 2008 年全球经济危机本质是债务危机，而费雪、明斯基是少有的研究债务的经济学家。

宏观经济学在德国主要体现在货币与财政理论中。1905 年，德国新历史学派经济学家克纳普出版代表作《货币国定论》。新历史学派的瓦格纳提出"瓦格纳法则"，指出了政府财政扩张的规律。德国的货币、财政理论都超越了当时的马歇尔经济学，属于宏观经济学的早期研究成果，可惜这些成果并没有被萨缪尔森及时发现并吸收到他的宏观经济学教材中。萨缪尔森的经济学功底仅限于新古典经济学家、凯恩斯学派和瑞典学派，他自称"经济学界最后一个通才"，其实是过誉了。

凯恩斯对经济学最大的改变，就是他转移了人类的焦点，让阶级分析彻底退出了经济学的视野，经济学家开始集中于宏观经济治理方法的研究与争论，而不再诉诸阶级合作和阶级调和，因为一旦经济的周期波动得到控制，阶级问题也就变得不再重要。萨缪尔森等凯恩斯主义者促成了美国二战后 20 年的黄金时代。人类对资本主义社会的第二次改变是美国的"伟大社会"建设，这是由美国的新制度学派代表人物加尔布雷思完成的。加尔布雷思是肯尼迪、约翰逊两任总统的顾问，他一手促成美国的"伟大社会"建设，"伟大社会"建设完成之后，美国开始在道德上占据上风，直接导致后来人们对社会主义失去兴趣。

人力资本概念

1906 年，美国经济学家欧文·费雪在《资本的性质与收入》中首次提出"人力资本"的概念。但是，直到 1960 年，美国经济学家舒尔茨才系统地阐述了人力资本理论。舒尔茨也因此被称为"人力资本之父"。费雪的经济理论没有严格的师承关系，他在耶鲁大学数学系获得耶鲁大学历史上第一个经济学博士学位，其经济理论更多来源于对现实的总结。

计划经济的可行性

1908 年，帕累托的学生巴罗内在《集体主义国家中的生产部》

中进一步论证了社会主义计划经济的可能性。文中提出，假如其他情况相同，资源的有效配置可以独立于生产要素的所有制，但关键是要找到一系列适当的价值。巴罗内设想，在没有货币、价格的条件下，通过试错法求解均衡方程式的解，以实现最小生产成本达到最大经济福利的经济上最有利的技术系数，使价格与最低生产成本相等，进而有效配置资源。这些思想无疑给兰格以启迪，使他能够更加深入系统地探讨社会主义经济中的资源配置这个重大的理论问题。

费雪方程式

1911 年，耶鲁大学经济学教授费雪在《货币购买力》一书中提出费雪方程式，即 $MV=PT$；其中 V 为货币流通速度，P 为各类商品价格的加权平均数，T 为各类商品的交易数量。费雪认为，从长远来看，流通速度是由制度因素决定的，例如商业惯例、支付和信贷制度等。

企业家精神

1911 年，经济学家熊彼特在《动态经济学原理》一书中将企业家和企业家精神引入经济学理论。熊彼特于 1883 年出生在奥匈帝国境内摩拉维亚省（今捷克境内），故有人认为熊彼特是美籍捷克人。熊彼特与凯恩斯同龄，熊彼特 2 月 8 日出生，凯恩斯 6 月 5 日出生，同年 3 月 14 日，经济学家马克思逝世。也在这一年，奥地利经济学派创始人卡尔·门格尔出版《经济学方法论探究》，同德国历史学派代表人物施穆勒展开了经济学史上著名的"方法论论战"。熊彼特的父亲经营一家织布厂，熊彼特大学就读于维也纳大学，大学最后一年参加了庞巴维克主持的经济学研讨班，一同参加的同学包括奥托·鲍尔、鲁道夫·希法亭、路德维希·米塞斯等。1906 年 2 月 16 日，熊彼特获得维也纳大学法学博士学位，大学毕业后，熊彼特开始欧洲"大漫游"，在柏林参加施穆勒的经济学讨论课，在法国参观巴黎大学，在伦敦拜会世界著名经济学家艾尔弗雷德·马歇尔，特别是德国的游历使他深受德国历史学派的影响。后来他在埃及找到一份律师工作，在此期间，他用 18 个月的时间完成了处女作《理论经济学的本质与概要》。该书不但助力他获得教职，而且在老师庞巴维克的推荐下，到切库诺维奇大学任教。这是奥地利边境的一个小地方（今属乌克兰），在此期间，他也开始撰写《经济发展理论》。随着《经济发展理论》（1911 年德文版问世，1912 年英文版问世；这本书是他的成名作）的极大成功，熊彼特的声望和地位不断上升，他离开切库诺维奇大学，来到格拉茨大学（仅次于维也纳大学）教书。1919 年，在同学鲍尔和希法亭等人的推荐下，熊彼特担任奥地利财政部长，但 7 个月后辞职。1924 年，熊彼特获得德国波恩大学的教职。1930 年后，哈佛大学向他抛出橄榄枝，1932 年，熊彼特前往哈佛大学就职，此后他一直在哈佛大学任职。熊彼特注重经济的动态研究，在《经济发展理论》日语版序言中坦言，他对经济动态的理解与马克思相似，他们都是"在经济系统内部寻找力量之源，而经济系统本身会打破它可能达到的任何均衡"，"应该有一个不依赖外界因素而引发经济变化的经济理论"。在《经济发展理论》的日文版前言中，熊彼特明确指出马克思思想是他的思想来源，强调了他与马克思研究方法上的相似之处，指出"这些思想和目的正是马克思的学说中所蕴含的"。

管 制 垄 断

1912 年，老克拉克和他的儿子合作出版《托拉斯的管制》一书，指出政府管制垄断的必要性。这部著作对后来的反垄断法案《谢尔曼法》的出台有一定推动作用。此时的美国正处于进步运动时期，美国经济学会的创始人一直是美国进步运动的深度参与者，美国经济学会的成立也是美国进步运动的一部分。

熊彼特创新与企业家精神理论

1912 年，奥地利经济学家熊彼特在其著作《经济发展理论》中提出创新就是企业家对生产要素新组合的观点，即"建立一种新的生产函数"。熊彼特明确指出"创新"的五种情况：①采用一种新的产品；②采用一种新的生产方法；③开辟一个新的市场；④掠取或控制原材料或半制成品的一种新的供应来源；⑤实现任何一种工业的新的组织。后来人们将他这段话归纳为五个创新，依次对应产品创新、技术创新、市场创新、资源配置创新、组织创新。

熊彼特在书中还热情描述了企业家精神。首先，企业家有梦想也有决心开创属于自己的王国；其次，企业家有强烈的征服欲，他们渴望竞争，渴望证明自己是人中龙凤，成功本身即是一切，而成果倒在其次；最后，无论是从无到有的创造还是从乱到治的减少，甚至只是挥洒一下智力和体力，企业家都乐在其中。

1997 年，美国哈佛大学商学院创新理论大师克莱顿·克里斯滕森教授在其名著《创新者的窘境》中又重提此理论，这一理论随即普及开来。

基 尼 系 数

1912 年，意大利统计与社会学家基尼提出基尼指数，成为国际上通用的用以衡量一个国家或地区居民收入差距的常用指标。基尼系数最大为 1，最小等于 0。基尼系数越接近 0，表明收入分配越趋向平等。计算基尼系数的方法不同，计算结果差别较大。

世 界 经 济

1912 年，德国经济学家哈姆斯在《国民经济与世界经济》中提出"世界经济"的概念。德国历史学派先驱李斯特曾指出国家经济学与世界主义经济学相对立，他认为国家经济学是代表经济落后国家利益的经济学，其研究对象是落后国家的富强之道；世界主义经济学是代表经济发达国家利益的经济学，研究对象是世界经济。李斯特在其名著《政治经济学的国民体系》的开篇就回顾了西欧各国的资本主义发展史，旨在说明各国的发展道路不同，因此不存在具有普适性的"世界主义经济学"。每个民族、国家的发展过程不同，影响及形成不同发展道路的原因在于每个民族具有的不同民族精神，不存在适用于所有民族的经济规律。因此，只存在以个别国家的经济发展史为研究对象的"国民经济学"，也只有通过对各国发展史的研究，才能归纳出某些可能存在的经济规律，以演绎推理为基础和特征的普遍规律并不存。历史学派以历史主义为旗帜，从德国利益出发，全力寻求强国之策。他们研究出的某些结论及思路，对后进国家的起飞仍有借鉴意义。

创造性破坏

1913 年，德国社会学家维尔纳·桑巴特在《战争与资本主义》中最早提出"创造性破坏"这一术语。马克思在早期的著作中认为，该理论揭示了资本主义社会不断产生和消灭财富，而且通过战争和经济危机不断破坏人类财富。后来，这一理论被熊彼特继承并发扬光大。在《资本主义、社会主义与民主》中，熊彼特发展了马克思的理论，论证了资本主义的"创造性破坏"最终会导致资本主义社会的解体。后来，自由主义和自由市场派经济学家把"创造性破坏"视为市场经济的优点。

纯货币经济危机理论

1913 年，英国经济学家霍特里出版《商业的盛衰》，提出"纯货币危机理论"，认为经济周期和经济危机是纯货币现象。经济周期性波动之唯一充分的原因在于银行系统周期地扩张和紧缩信用，而且危机之所以产生，完全是因为繁荣后期银行采取的紧缩性信用政策。霍特里也指出，银行只要在繁荣后期继续扩张信用，就能防止危机的爆发。他认为，货币供应量的变化会影响有效需求的水平，由于物价和工资对此的反应较慢，因此产量会发生变化。由于各个过程之间存在时间上的滞后，信用的扩张和紧缩会超过应有的水平，于是出现的是周期，而不是稳定的增长。霍特里并非剑桥学派的成员，但参加过凯恩斯的学术活动。

加 速 原 理

1913 年，法国经济学家艾伯特·阿夫塔里昂在《生产过剩的周期性危机》中提出加速原理，后来成为宏观经济学的重要内容。加速原理，是指收入或消费增加会引起投资增加。相反，在经济危机中生产和销售量下降，加速原理的作用会使投资急剧下降。艾伯特·阿夫塔里昂是法国巴黎大学的教授，也是金融学中汇兑心理说的提出者。

经济周期理论

1913 年，美国经济学家卫斯理·米切尔出版《经济周期》，对经济周期做了较为完整的定义。米切尔沉迷于经济周期的研究，但是重点在于对经济周期的统计描述和预测，而非构建经济周期理论。米切尔是凡勃伦在芝加哥大学的弟子，是美国经济学的领袖人物，长期任教于哥伦比亚大学。他最有名的学生是库兹涅茨。米切尔对经济学最大的影响是 1920 年促成美国国家经济研究局的成立。米切尔还是 1913 年熊彼特访问美国和 1923 年哈耶克访问美国的邀请人。哈耶克结束访美后，与米塞斯一起组织成立了商业周期研究院，并且担任第一任院长。

社会有机体思想

1914 年，英国政治思想家、经济学家霍布森出版《工作和财富》，完整地表述了社会有机体的思想。社会有机体论反对把社会看成仅仅是个人的"聚集体"，认为社会是一个具有超越个人生命的有机体，具有一个集体的身体、集体的意识和意志，而且有能力实现一种集体的、生死攸关的目标。他进一步解释说："一定不能把社会解释成一组社会关系，而是必须把它理解成一个集合有机体。它具有本身的生活、意志、目标和意义，这是与它的个别成员的生活、意志、目标和意义有区别的。"他还说，社会的全部生活是通过组成它的单位的合作来进行的，"这些单位不是单独地为自己工作，而是为一个整体工作，而它们各自的幸福是通过整体的正确运行而得到实现的"。霍布森其他比较有名的学说还包括消费不足理论和自由社会主义理论等。

经济周期的实际因素

1915 年，丹尼斯·罗伯逊在硕士论文《工业波动研究》中用提高生产力的发明创造所造成的震动来解释周期。至于工业波动的原因，他反对当时两种流行的观点：第一种是以霍特里为代表的纯货币经济周期的观点，而另一种是以庇古为代表的心理周期的观点。罗伯逊将经济波动分为合理的和不合理的两类，其中前者与实际因素相关，而后者则主要和货币因素及心理因素相关。合理波动的原因深藏于资本主义的技术和法律结构之中，是经济发展和资本形成过程所必需的，由此引发的价格波动也是合理的。不合理的波动是货币体系或心理因素对实际因素的过度反应引起的，罗伯逊认为，只有这种波动才应该想办法尽量避免。他曾在庇古教授和凯恩斯的指导下钻研马歇尔经济学。从此，他和凯恩斯的建设性合作关系一直保持着，直到20世纪30年代末凯恩斯革命的高潮时期才与凯恩斯分道扬镳。

丹尼斯·罗伯逊最早研究实际经济周期理论，后来，巴罗在一篇试图通过引入资本市场扩展货币周期模型的论文中，考虑了政府购买等实际因素，从而开辟了经济周期中的实际因素研究。此后出现了一系列研究实际经济周期理论的经济学家，包括基德兰德和普雷斯科特（1982）、约翰·龙和普洛塞（1983）、金和普洛塞（1983，1984）。其中，金和普洛塞1983年发表的《实际经济周期》，使这类观点最终获得正式名称。

购买力平价理论

1916年，瑞典经济学家卡塞尔指出，两国货币的汇率主要是由两国货币的购买力决定的，即购买力平价说，简称PPP理论。卡塞尔的名声部分来自凯恩斯于 1923 年发表的《货币改革论》，当中提及卡塞尔所提出的购买力平价理论，使卡塞尔在学术界声名大噪。卡塞尔也参与过有关第一次世界大战之后德国战争赔款的研讨。卡塞尔与瑞典学派的另一位领袖维克塞尔同年，都是瑞典学派的开创者，也是瑞典全国经济学家俱乐部的创始人。卡塞尔长期担任斯德哥尔摩大学教授，诺贝尔经济学奖得主俄林、缪尔达尔都是其学生。受卡塞尔影响，瑞典学派在国际经济学方面取得了非常多的研究成果。

经济学研究的"价值无涉"

1917 年，韦伯在《社会科学和经济科学"价值无涉"的意义》一文中批判了当时一些德国教授利用自己的权威在学术讲坛上宣扬自己的价值观点，混淆了价值判断与关于经验事实的科学知识之间的界限。他认为，社会科学研究者在研究过程中要同自然科学研究一样抛却科学家自身的情感、意志、价值观念等，客观真实地描述社会现实。他主张严格以客观、中立的态度观察和分析。价值无涉的核心在于区分事实领域和价值领域，确保科学认识与价值判断的明确界限。尽管价值无涉强调在研究过程中避免价值判断，但并不意味着完全排斥价值。韦伯及其他支持价值无涉原则的学者都认为，价值判断可以在研究选题和资料筛选等阶段发挥作用，而在研究分析和结论部分应保持价值中立。韦伯之所以主张经济学家"去价值化"，是因为他信仰资本主义。他曾热情歌颂资本主义，但其他教授则信仰社会主义。

剑桥方程式

1917 年，剑桥大学教授庇古在《经济学（季刊）》上发表《货币的价值》一文，提出货币需求函数 $M=kPy$，即剑桥方程式。式中 y 表示实际收入，P 表示价格水平，Py 表示名义收入，k 表示人们持有的现金量占名义收入的比率，因而货币需求是名义收入和人们持有的现金量占名义收入比例的函数。庇古提出的货币需求函数，其理论根据是马歇尔的货币数量论。马歇尔认为，货币流通速度决定于人们的持币时间和持币量，而人们的持币时间和持币量又决定于人们的财产及收入中的多大部分以货币形态贮存起来。人们以货币形态贮存起来的财产和收入是"人们愿意保持的备用购买力"，这部分购买力的高低决定于以货币形态保持的实物价值。庇古是马歇尔的学生。庇古于 1900 年受聘于剑桥大学，1908 年接替马歇尔担任剑桥大学政治经济学教授，成为剑桥学派的掌门人。

制度经济学

1918 年，在美国经济学会年会上，汉密尔顿在论文《经济理论的制度方法》中第一次使用"制度经济学"这个名称，指出这种经济学的特征有：①能够将各个领域的经济问题的考察整合进来；②强调对经济的社会控制；③将制度视为经济生活中变化的元素，引导着人们的行为；④关心制度变迁和发展过程；⑤以现代社会心理学阐述的人类行为理论为基础。依据这样的特征，汉密尔顿将凡勃伦、米切尔等人视为制度经济学的领袖。在这次会议上，小克拉克提交的论文指出，经济学必须与当前的社会经济问题密切联系；奥格本的论文批评了正统经济学的快乐主义心理学。当年的美国经济学会主席斯图尔特在对以上论文的评论中指出，只有将统计学方法和制度方法结合起来，才能解决现实面临的诸多问题。这次会议正式宣告美国制度主义运动的兴起。用新的方法实施对经济的"社会控制"是这一时期制度主义者的共识，他们提倡以新控制方法替代市场的管制、立法和经济计划。美国哥伦比亚大学、威斯康星大学以及布鲁金斯研究生院（和之前的阿默斯特学院）汇聚了大批制度主义者，成为制度主义运动的大本营。这三个地方的制度主义领袖分别是克拉克和米切尔、康芒斯、汉密尔顿和科普兰，他们也是制度主义运动的领袖。汉密尔顿将现代社会的问题归结为经济的组织和控制形式滞后于生产技术的发展。生产过程由大企业控制，而对大企业的控制还是按照传统经济学的市场方法，这样的经济秩序必然存在失调的问题。因此，经济学的任务就是设计一个机制对大企业进行控制和引导。这个任务远非坚持自由市场信念的传统经济学能够完成的。

要素禀赋差异

1919 年，赫克歇尔在《对外贸易对收入分配的影响》一文中首先提出要素禀赋差异是贸易基础的观点。他是瑞典学派创始人戴维森的学生，斯德哥尔摩大学的教授，是瑞典另一位经济学家俄林的老师。赫克歇尔与俄林一起推动了国际贸易理论在李嘉图之后的又一次飞跃。

外部不经济与福利经济学

1920 年，被称为"福利经济学之父"的英国经济学家庇古出版《福利经济学》，庇古首次系统地研究了外部性问题，认为导致市场配置资源失效的原因是经济当事人的私人成本与社会成本不一致。他在马歇尔提出的"外部经济"概念基础上扩充了"外部不经济"的主张。

原始存款、派生存款

1921 年，菲利普斯在《银行信用》一书中最先使用原始存款和派生存款这对概念，表明这时的货币信用创造理论已经比较完善。派生存款是指商业银行通过发放贷款、购买有价证券等方式创造的存款。商业银行吸收到原始存款后，按规定只留一部分作为现金应付提存，其余部分可用于放款和投资。在广泛使用非现金结算的条件下，取得银行贷款或投资款项的客户并不（或不全部）支取现金，而是转入其银行存款账户。这样就在原始存款的基础上，形成了一笔新的存款。接受这笔新存款的商业银行，除保留一部分作为准备金外，其余部分又可用于放款和投资，从而又派生出存款。这个过程继续下去，就可以创造出大量的派生存款。派生存款的存在说明商业银行在某种程度上也是可以生产货币的，即中央银行是生产货币的第一车间，商业银行是生产货币的第二车间，但后者生产的货币是央行发行货币的数倍。

策略、混合策略

1921 年，法国数学家波莱尔研究了后来成为博弈论重要内容的最大最小战略，最早用数学语言描述博弈问题，提出了"策略"和"混合策略"的概念。天才冯·诺依曼 12 岁时就学习了数学家波莱尔的《函数论》。

倾销、价格歧视

1923 年，美国贸易经济学家雅各布·瓦伊纳出版了《倾销——一个国际贸易问题》一书，将倾销定义为"价格歧视"。庇古（1929）对价格歧视理论作了经典阐述，并给出纯价格歧视定义，即垄断厂商对不同的市场或不同类别的客户购买不同数量的商品索取不同的价格，以实现利润最大化。1933 年，罗宾逊夫人发展了价格歧视说，指出在考虑价格歧视时，不能光从两地市场单纯价格来衡量，还要综合考虑其他影响价格的因素，从而尽量公平地认定倾销。根据歧视程度的高低，价格歧视可以分为一级、二级和三级。

一级价格歧视又称完全价格歧视，是指企业根据每一位买者对产品可能支付的最大货币量（买者的保留价格）来制订价格，从而获得全部消费者剩余的定价方法。由于企业通常不可能知道每一位顾客的保留价格，因此，在实践中不可能实行完全的一级价格歧视。二级价格歧视是指企业根据不同消费量或者"区段"索取不同的价格，并以此来获取部分消费者剩余。数量折扣是二级价格歧视的典型例子。一级、二级价格歧视分别使厂商全部和部分攫取了消费者剩余，并将这部分消费者剩余转化为利润。三级价格歧视是指企业将其顾客划分为两种或两种以上的类别，对每类顾客索取不同的价格。三级价格歧视是最普遍的价格歧视形式。二级、三级歧视的不同主要在于，三级价格歧视利用了关于需求的直接信息，而二级价格歧视则是通过消费者对不同消费的选择，间接地在消费者之间进行挑选。

基 钦 周 期

1923 年，德国学者约瑟夫·基钦发现存在一种 40 个月左右的周期波动，即基钦周期，也被称为库存周期或短波理论。基钦周期的实质是主要产品产量的周期。这个周期理论主要考察资本主义经济发展中一种历时较短的周期性经济波动。在基钦周期中，当厂商生产货品过多时，就会形成存货，从而减少生产，如此往复，形成短期的经济调整。这种周期性的变化主要是由于企业对市场信息的滞后反应而引发的供需错配带来的价格波动。

不完全竞争

1924 年，瑞典经济学家赫克歇尔在《间歇性免费商品》一文提出不完全竞争理论，比琼·罗宾逊和爱德华·张伯仑的理论早了9年。不完全竞争分为垄断竞争、寡头垄断和完全垄断三种。垄断竞争理论强调产品差别，制造产品差别是厂商竞争的重要手段。产品差别越大，垄断程度越高，厂商就能在市场中处于有利地位。但制造产品差别会增加产品的成本，因此必须研究垄断与竞争的关系问题，使厂商获得最大利润。罗宾逊指出，如果不是完全竞争市场，企业就可以赚取经济租金，因为租金不会完全被竞争侵蚀。在这种情况下，公司可以拥有市场势力。这些在产品市场中具有市场势力的企业可以对商品或服务收取高于其成本的费用，从而赚取垄断利润。罗宾逊的理论表明，如果不存在完全竞争，那么工人的工资就会低于其产出应得。

土地经济学

1924年，美国经济学家伊利和莫尔豪斯合著的《土地经济学原理》出版，标志着土地经济学作为一门独立学科的诞生。伊利曾师从卡尔克尼斯，在海德堡大学取得博士学位，其经济学研究方法深受德国历史学派的影响。

社会成本问题

1924年，奈特发表《社会成本解释中的一些谬误》一文，批判了庇古关于社会成本论述中的错误。他认为，对于公共产品这种市场失灵的现象，政府不必干预，只需通过价格机制就可以恢复，是科斯《社会成本问题》的先驱。科斯在求学期间受到奈特的启发。

康德拉季耶夫经济周期

1925 年，苏联经济学家康德拉季耶夫在美国发表《经济生活中的长波》一文，首先提出康德拉季耶夫经济周期，也被称为康波理论或长波理论。它考察的是资本主义经济中历时 50～60 年的周期性波动。康德拉季耶夫周期是生产力发展的周期，这种生产力发展的周期是由科学技术发展的周期决定的。科学技术是一个完整的体系，对这个体系进行适当的划分是分析的出发点。康德拉季耶夫周期理论认为，经济发展存在明显的周期性，且每个周期对应于一场科技革命。康波理论将 40～60 年的长经济周期分为四个阶段：繁荣、衰退、萧条、回升。其中以创新性技术变革为起点，前 20 年是繁荣期，经济增速快；接着进入 5～10 年的衰退期，经济增速明显放缓；之后是 10～15 年的萧条期，经济缺乏增长动力；最后是10～15 年的回升期，孕育下一次重大技术创新的出现。康德拉季耶夫认为，生产技术的变革、战争和革命、新市场的开发、金矿的发现、黄金产量和储量的增加等因素都不是导致长波运动的根本原因，而是科学技术发展的周期决定了这种生产力发展的周期。

垄断经济学

1926 年，斯拉法在论文《竞争条件下的收益规律》中指出，传统经济学论证的普遍自由竞争现象已同现实生活相背离，认为经济学要研究非竞争性因素，这是垄断经济学开始的标志。该文同时分析了马歇尔完全竞争假定与规模收益递增或递减不相容的情况，提出解决这一问题的方法是，放弃关于竞争的研究而转向关于垄断问题的研究。在斯拉法研究的基础上，20世纪30年代美国经济学家张伯伦和英国经济学家琼·罗宾逊几乎同时独立发表了论述垄断竞争理论的著作，标志着现代西方经济理论中不完全竞争学说的确立。斯拉法是凯恩斯的弟子。

计量经济学概念

1926年，计量经济学一词由挪威经济学家弗里希模仿生物计量学一词在《论经济问题》一文中提出。弗里希是1969年第一届诺贝尔经济学奖的获得者，同时也是"宏观经济学"概念的提出者。1930年，弗里希与熊彼特、欧文·费雪共同创立了计量经济学会。第一期《计量经济学》杂志在1933年面世，弗里希说明该杂志的宗旨在于把抽象的理论与对实践的观察结合起来，使理论不至于脱离现实。弗里希的《动态经济学中的传播问题与刺激问题》首次说明了一系列的随机冲击如何刺激经济出现看似有某种规律性的波动，在经济是否稳定这个问题上，弗里希与同时代的其他经济学家持不同观点，他相信经济自身是稳定的，当且仅当存在外部冲击时，摇摆木马才会出现摇摆。如果没有木棒的敲击，那也就意味着不会有周期。

汇兑心理说

1927 年，法国巴黎大学教授艾伯特·阿夫塔里昂在奥地利学派的边际效用理论基础上提出了汇兑心理说。该理论认为，外汇的价值不依从任何规则，而是决定于外汇供求双方对外汇边际效用所作的主观评价。

转 移 支 付

1928 年，著名经济学家庇古在《财政学研究》一书中第一次使用转移支付这一概念。转移支付是指政府或企业无偿地支付给个人以增加其收入和购买力的费用，是一种收入再分配形式。

博弈论的诞生

1928 年，冯·诺依曼论证了博弈论的基本原理，从而宣告博弈论的正式诞生。1930 年，冯·诺依曼去了美国。二战时，他用博弈论原理建立了同盟国和协约国之间的战争冲突模型，甚至预测出德国必败的结果。二战后，他又利用零和博弈的原理，解读分析了"冷战"时期苏美之间激烈的竞争。这位伟大的天才创立了博弈论的雏形，非常理论化，甚至十分抽象，很长时间内都无法运用于实践，直到 20 世纪 50 年代初，美国普林斯顿大学的一位博士发表了两篇关于博弈论的论文，才改变了人们的看法，博弈论由此进入新的时代。这位博士就是第二个对博弈论产生重要影响的人——约翰·纳什。博弈论领域的学者大多认为，对博弈论理论贡献最大的当属冯·诺伊曼、约翰·纳什和沙普利。

斯 密 定 理

1928 年，美国经济学家阿林·杨格在英国科学促进协会就职演讲中演讲了《报酬递增与经济进步》，重新发掘斯密定理，并将其视为"在全部经济学文献中最有阐述力并富有成果的基本原理之一"。同时，杨格发展了斯密定理，指出"分工取决于市场规模，而市场规模又取决于分工，经济进步的可能性就存在于上述条件之中"。斯密-杨格定理表明，一方面，分工受市场规模的限制；另一方面，市场规模又取决于购买力，即生产的数量，也就是分工的水准。从而分工一般地取决于分工，这是一个报酬递增的动态累积过程。

货 币 幻 觉

1928 年，美国耶鲁大学教授费雪在《货币幻觉》一书中提出货币幻觉的概念，论述了通货膨胀带来的心理错觉效应。在《货币幻觉》中，费雪描述了一种现象，即绝大多数人仅仅从货币面值判断购买力，却往往容易陷入通货膨胀而不自知，这种不自知会导致通货膨胀被轻视或者忽视。因为货币幻觉，宽松的货币政策（通货膨胀）才能减少失业，刺激经济增长。凯恩斯也指出，受货币幻觉的影响，工人不愿意接受名义工资下调的行为，从而导致工资刚性。费雪是熊彼特的好友。

利率宣告效应

1928 年，庇古出版了《公共财政研究》一书，提出"庇古-霍特里利率宣告效应"理论，指出银行利率上升引起物价跌落是通过人们心理预期的作用。他认为，银行提高利率虽然对生产企业的成本作用不大，但却给企业家提供了一个明确的信息，即银行将实行紧缩政策。企业家对这一信息的心理反应，会阻止他们扩大生产活动的实施，从而限制他们的购买力，需求和价格随之降低。

蛛 网 理 论

1930 年，美国的舒尔茨、意大利的里西及荷兰的丁伯根各自提出蛛网理论，即一种引入时间因素考察价格和产量均衡状态变动过程的理论。1934 年，英国的卡尔多将其定名为蛛网理论，因为均衡变动过程反映在二维坐标图上，其形如蛛网。

国家货币与银行货币

1930 年，凯恩斯出版《货币论》。在信用创造论的基础上，他提出"国家货币"与"银行货币"的概念。凯恩斯指出，"一般趋势是银行货币取得压倒性优势，国家货币则屈居于从属地位，比如在英国和美国这样的国家，银行货币可能占流通货币的十分之九"。他还发现，银行货币占货币总量（流通货币）的比例在上升。银行体系可以通过其贷款规模和条件，来决定实业界的投资率。凯恩斯把自然利率理解为储蓄等于投资时的利率。

库兹涅茨周期

1930 年，美国经济学家西蒙·库兹涅茨在《生产和价格的长期运动》一书中提出库兹涅兹周期。库兹涅兹认为，经济中存在长度为 15～25 年不等的长期波动。这种波动在美国的许多经济活动中，尤其是建筑业中表现得特别明显，所以库兹涅茨周期也被称为建筑业周期。西蒙·库兹涅茨是美国制度学派代表人物米切尔在哥伦比亚大学的学生，货币学派创始人弗里德曼在美国经济研究局工作时曾担任其助手。库兹涅茨 1971 年获得诺贝尔经济学奖。

费 雪 效 应

1930 年，美国经济学家费雪出版《利息理论》，他在书中指出名义利率与实际利率的区别，这与维克塞尔的市场利率与自然利率不同，名义利率与实际利率的区别主要在于通货膨胀，也即"费雪效应"。费雪指出，当通货膨胀率预期上升时，利率也将上升。名义利率随着通货膨胀作用的变化而变化。名义利率、实际利率与通货膨胀率三者之间的关系是：实际利率＝名义利率－通货膨胀率（计算时通货膨胀率预期等于通货膨胀率）。通货膨胀率越高时，贷款者承担的实际利率会比较低，远远低于名义利率。费雪效应是费雪研究利息理论的主要成果。费雪的研究方向倾向于利息，而非利率政策，因为当时美联储的货币调控功能还不强大。

经济学帝国主义

20 世纪 30 年代初，拉尔夫·苏特在一次经济学讨论中提出经济学帝国主义概念，其指经济学对其他学科的入侵。最典型的是经济学家贝克尔出版了《人类行为的经济分析》一书，尝试用微观经济学的基本方法和概念，如理性选择、利益最大化行为、交换等——来解释一些非经济问题（如犯罪、家庭、教育等），并取得了出于意料的好效果。公共选择理论的代表人物布坎南、新制度经济学重要代表人物威廉姆森等人的研究都有强烈的经济学帝国主义色彩。经济学帝国主义的重要影响之一就是入侵政治学领域并形成公共选择理论。

乘　　数

1931 年，英国经济学家卡恩提出宏观经学中乘数的概念，乘数反映了投资和收入之间存在的倍数关系。由于各经济部门是相互关联的，因此，某一部门的一笔投资不仅会增加本部门的收入，而且会在国民经济各部门中引起连锁反应，从而增加其他部门的投资和收入，最终使国民收入成倍增长。卡恩是凯恩斯剑桥政治经济学俱乐部的成员。

中立货币政策

1931 年，哈耶克在《物价与生产》一书中系统阐述了货币中立思想，指出货币中立是经济均衡的条件。这一理论源于瑞典学派创始人维克塞尔提出的中立货币概念，其含义是指在真实分析或静态分析中，必须除去货币的扰乱作用。哈耶克的中立货币政策思想问世以后，曾赢得英国经济学家罗伯逊和美国经济学家西斯蒙的赞誉和支持。哈耶克的中立货币政策本质是消极的中立货币政策，货币中立思想往往强调货币的交易功能，但货币并不只有交易功能。

经济学家帕廷金在 1956 年出版的《货币、利息与价格》一书中，进一步发展了这一理论及政策思想。中立货币政策论认为，现代经济的困扰主要来自货币供给量的变动，货币供给的每一次改变，都"将货币细菌深深地植入了经济机体之中"，从而破坏了总供给与总需求的均衡，使经济陷入通货膨胀或通货紧缩的泥潭。相反，如果货币数量保持不变，商品相对价格就可能稳定不变，经济就会完全处于零通货膨胀或零通货紧缩的理想状态。此时货币对总产出、总购买、总销售以及商品和劳务价格均不产生干扰，即起着严格的中立作用。中立货币政策还认为，如果产出的增加是来自劳动生产率的提高，那么即使不改变货币工资额，劳工的实际工资收入也会随物价的降低而上升。既然如此，那么，在货币流通速度保持不变的情况下，就可以通过保持稳定的"有效"货币量（$M \cdot V$）来实现经济景气的稳定。

委托代理理论

1932 年，美国律师伯利和美国制度学派经济学家米恩斯在《现代股份公司与私有产权》一书中详尽分析了 20 世纪 20 年代到 30 年代美国垄断产业和寡头垄断产业的实际情况，并对股份制的发展更易使资金集中于大企业手中，从而对经济力集中等问题进行了实证分析，为以后产业组织理论体系的形成提供了许多有重要参考价值的研究成果。其中的委托代理理论倡导所有权和经营权分离，企业所有者保留剩余索取权，而将经营权利让渡。委托代理理论早已成为现代公司治理的逻辑起点。伯利和米恩斯都是哥伦比亚大学制度学派大本营中的代表人物，维克里继承了他们的研究。后来，美国哥伦比亚大学教授威廉·维克里和英国牛津大学教授詹姆斯·莫里斯，在引入激励相容的概念基础上，开创了信息不对称条件下的激励理论——委托代理理论，并获得 1996 年诺贝尔经济学奖。

债务—通货紧缩理论

1932 年，耶鲁大学教授费雪在《繁荣与萧条》一书中，首次提出了"债务—通货紧缩"理论，并以此解释大萧条，即大萧条是企业过度负债导致的。该书出版后，他的研究成果得到了广泛的认可。在此基础上，1933 年，他发表了著名论文《大萧条的债务—通货紧缩理论》，系统阐述了过度负债与通货紧缩的逻辑关系，这篇文章发表后被大量引用。

凯恩斯经济学与罗斯福新政

1933 年，凯恩斯出版了《通往繁荣之路》，提出运用赤字财政以摆脱经济萧条的新论点，这标志着凯恩斯由货币经济学家走向独立的宏观经济学体系。凯恩斯将这本书寄给了各国的财政部部长以及美国总统罗斯福，罗斯福新政即受到这本书的影响。

垄断竞争理论

1933 年，英国经济学家罗宾逊发表《不完全竞争经济学》，与美国张伯伦同年出版的《垄断竞争理论》，一并被认为奠定了西方现代价格理论的基础。罗宾逊为经济学家凯恩斯的弟子。

要素禀赋论

1933 年，瑞典经济学家俄林出版了《域际贸易和国际贸易》一书，创立了要素禀赋论，亦称"赫克歇尔-俄林理论""H-O 理论"。该理论由俄林在瑞典经济学家赫克歇尔的研究基础上形成，指出各国间要素禀赋的相对差异以及生产各种商品时利用这些要素的强度的差异是国际贸易的基础，强调生产商品需要不同的生产要素，如资本、土地等，而不仅仅是劳动力，不同的商品生产需要不同的生产要素配置。一国应该出口由本国相对充裕的生产要素所生产的产品，进口由本国相对稀缺的生产要素所生产的产品，而且，随着国际贸易的发展，各国生产要素的价格将趋于均等。要素价格均等化定理是赫克歇尔-俄林模型推导出来的结果之一，1948 年由保罗·萨缪尔森首次提出。1977 年，俄林因在国际贸易理论和国际资本流动方面做出的开拓性研究，与英国剑桥大学教授米德同享当年的诺贝尔经济学奖。

宏观经济学

1933 年，挪威经济学家弗瑞希首次提出"宏观经济学"的概念，他也是计量经济学概念的提出者。宏观经济学最早可以追溯到法国魁奈的《经济表》、西斯蒙第的国民收入恒等式和英国马尔萨斯的"马尔萨斯人口论"。但现代宏观经济学之父应该是瑞典学派的维克塞尔，他最早建立了经济周期模型——累积过程模型，凯恩斯与哈耶克的经济学论证也是围绕维克塞尔的理论展开的，这场论战促使《通论》诞生。1936 年，凯恩斯于出版《就业、利息和货币通论》后，宏观经济学迅速发展起来。

序数效用论

1934 年，希克斯和艾伦在《价值理论的再思考》一文中提出序数效用论，认为效用作为一种心理现象是无法计量的，因为不可能找到效用的计量单位。他们运用埃奇沃思发明的"无差异曲线"重新诠释了效用，认为消费者在市场上所做的并不是权衡商品效用的大小而只是在不同的商品之间排序。凯恩斯与哈耶克论战时，希克斯曾是伦敦政治经济学院的教师，后来转向凯恩斯学派。1935 年夏天，希克斯离开伦敦政治经济学院来到剑桥大学冈维尔和凯厄斯学院任研究员和大学的讲师，直到 1938 年。这一时期，希克斯的主要成果是完成了《价值与资本》一书。此外，他还为凯恩斯的《通论》写了两篇颇具影响的书评，其中《凯恩斯先生与古典学派》一文产生了深远影响。希克斯后期主要执教于曼彻斯特大学。1972 年，希克斯与肯尼恩·阿罗共同获得诺贝尔经济学奖。

勒 纳 指 数

1934 年，勒纳在新古典经济学分析框架下指出，市场势力是对完全竞争的偏离，并以完全竞争为基础构建了著名的勒纳指数，即产品定价高于边际成本占价格的比率。凯恩斯与哈耶克论战时，勒纳是伦敦政治经济学院的学生。他于 1932 年到伦敦政治经济学院读本科，是科斯的同学，后来也转向凯恩斯学派。勒纳经兰格介绍与明斯基成为好友。

集体行动与人道经济学

1934 年，康芒斯出版《制度经济学：它在政治经济学中的地位》。康芒斯分析资本主义的法律、制度基础有一个主要特征，即把交易当作分析的基本单位。交易涉及财产权的转移，但不一定通过市场。除了"以物易物"（的确要通过市场进行）的交易以外，他区分了管理交易和配给交易，前者是管理者命令下属做事时的交易，后者是国家征税时发生的交易。康芒斯还分析了交易得以组织起来的整个制度，包括"参与方"（如国家、公司、工会、家庭、教会等），每一方都有自己的"工作原则"。这些原则不断发展变化，使组织得以发挥功效。作为现代西方法律经济学的伟大先驱，康芒斯非常重视法律制度在经济发展中的作用。在自己的著作中，康芒斯通过交易这一基本单位把法律、经济学和伦理学联结在一起。康芒斯的法律经济学思想主要体现在他的集体行动理论、利益和谐理论和"法制决定论"中。康芒斯认为，压力集团是对美国经济政策最有代表性、有益影响最大的力量，弱小的分散的成员需要联合起来，形成压力集团。对康芒斯而言，制度经济学就是"集体行动"的政治经济学。"集体行动"就是抑制、解放和扩张个体行动。它的种类和范围很广，从无组织的习俗到有组织的机构（如家庭、公司、国家等），它们所共有的原则或多或少都是个体行动受集体行动的控制，使之遵循一定的规范。康芒斯认为，在现代资本主义社会中，占支配地位的集体行动的组织形式是股份公司、工会和政党。制度经济学强调人与人之间的行动或"交易"，他认为这也是人们之间财产权利的相互转移。因此，所有权是制度经济学的基础，稀缺和所有权一起创造了交易中的利益冲突，但它们也相互依赖、相互维系。冲突、依赖相互制约，这就产生了集体行动。交易中的冲突可以通过公正的仲裁人进行和平的调节，而调节一切交易冲突的最高权力机构就是国家，首先是法院。康芒斯试图证明资本主义是法制促成的经济制度进化的结果，资本主义制度的缺陷和弊病可以通过法制的完善而消除，资本主义制度将成为一种永恒的社会制度。康芒斯的理论后来影响了奥尔森、诺斯等人。康芒斯是伊利的学生，伊利竭力主张抛弃极端的自由放任，代之以人道的经济学。所谓人道的经济学，就是同情工会和工人。劳工问题以及劳动市场是康芒斯关心的问题，而这也是当时的正统经济学不能给出恰当解释的领域。他广泛讨论了工会、行业公会、商业规则和管理、劳动立法、集体议价、罢工、生产安全和工人健康、失业等问题。他几乎主导了威斯康星州的公用事业管制和劳动立法改革。1905 年，康芒斯与他的学生一起起草了《威斯康星州公共事务法》，1907 年又起草了《威斯康星州公共事业法》，1911 年完成了《工人赔偿法案》。1911 年，康芒斯主持成立了威斯康星州产业委员会。康芒斯建立了一种政府理论，即把政府作为对抗利益集团的调解人和冲突利益集团谈判的场所。罗斯福新政中的政策制定者大部分是康芒斯的学生。康芒斯从伊利那里接手了四卷本著作《美国劳工史》和《资本主义的法律基础》。康芒斯的"激进观点使他很难找到一个长期的学术职位"，直到 1904 年，伊利想方设法为他在威斯康星开设了一个职位，他在那里一直干到 1932 年退休。

三个产业的划分

1935 年，英国经济学家费希尔在《安全与进步的冲突》一书中将国民经济部门划分为三次产业，即产品直接取自自然界的部门称为第一产业，对初级产品进行再加工的部门称为第二产业，为生产和消费提供各种服务的部门称为第三产业。

弗里德曼的消费研究

1935 年，罗斯福新政全面实施，美国联邦政府需要经济学家为他们做研究。经介绍，弗里德曼前往华盛顿，在美国自然资源委员会做一次大规模消费者预算的研究。这项研究构成了他后来的《消费函数理论》一书的"两个主要部分之一"。1928 年，高中毕业的弗里德曼进入拉特格斯大学，主修数学，1932 年毕业，获理学学士学位；毕业后进入芝加哥大学经济学系，1933 年获得经济学硕士学位，后由导师舒尔茨推荐，弗里德曼进入哥伦比亚大学攻读博士学位。1937 年，弗里德曼前往米切尔教授担任局长的国家经济研究局，成为经济学家西蒙·库兹涅茨的助手。弗里德曼从库兹涅茨那里学到了统计学的研究方法，这期间，他所承担的工作与居民收入统计有关，其中与"独立执业人士的收入"的调查研究，启发了他日后提出"永久性收入学说"。他与库兹涅茨合著的《独立职业活动的收入》是他的博士论文，也是其成名作，该书 1940 年完成，1946 年出版后弗里德曼获得博士学位。弗里德曼从完成博士论文到取得博士学位的六年间的职业生涯：1940—1941 年担任威斯康星大学客座教授，1941—1943 年在美国财政部研究战时税收政策，1943—1945 年跟随哥伦比亚大学霍特里研究武器设计、军事技术和冶金实验问题，1945 年担任明尼苏达大学教授，1946 年拿到博士学位后到芝加哥大学工作。

公 共 产 品

1936 年，"公共产品"一词最早出现在意大利学者马尔科的《公共财政学基本原理》一书中。公共产品是私人产品的对称，是指具有消费或使用上的非竞争性和受益上的非排他性的产品。马尔科是奥意财政学派的代表人物。

资本边际收益率崩溃、流动性陷阱、股票选美、动物精神

1936 年，英国经济学家凯恩斯的《就业、利息和货币通论》出版，指出"资本边际收益率崩溃"是货币政策失灵的原因。他否认"供给创造需求"的萨伊定律，提出有效需求决定就业量的理论。凯恩斯认为，之所以出现有效需求不足，是因为边际"消费倾向递减""对资本未来收益的预期"以及对货币的"灵活偏好"这三个基本心理因素的作用。凯恩斯认为，总需求是消费需求与投资需求之总和，提出了各种解决有效需求不足的方法。他还提出了货币学中的流动性陷阱理论。经济学界把该书称为经济理论上的"凯恩斯革命"。凯恩斯及其追随者的经济理论已基本上成为现代宏观经济学的主流。经济学家将从该书出版到 20 世纪 60 年代中期这一时期称作凯恩斯时代。

节 约 悖 论

1936 年，凯恩斯在《就业、利息和货币通论》中提出了著名的节约悖论。他引用了一则古老的寓言：有一窝蜜蜂原本十分繁荣兴隆，每只蜜蜂都整天大吃大喝。后来一个哲人教导它们说，不能如此挥霍浪费，应该厉行节约。蜜蜂们听了哲人的话，觉得很有道理，于是迅速贯彻落实，个个争当节约模范。但结果出乎预料，整个蜂群迅速衰败下去，一蹶不振了。经济大萧条时期的景象就是节约悖论的一个生动而可叹的例子。

投入产出法

1936 年，列昂剔夫发表了《美国经济体系中的投入产出的数量关系》一文，文中阐述了第一张美国 1919 年投入产出表的相关问题。投入产出法是一种研究经济问题的方法，即把一系列内部部门在一定时期内投入（购买）来源与产出（销售）去向排成一张纵横交叉的投入产出表格。根据此表建立数学模型，计算消耗系数，并据以进行经济分析和预测的方法。按照列昂惕夫的观点，投入产出分析的理论基础和所使用的数学方法，主要来自瓦尔拉斯的一般均衡模型（瓦尔拉斯 1984 年在《纯粹政治经济学要义》一书中首次提出）。因此，列昂惕夫自称投入产出模型是"古典的一般均衡理论的简化方案"。1987 年，里昂惕夫随美国总统尼克松来华访问。他很欣赏中国的以计划经济为主、市场调节为辅的经济体制，回国后发表了《社会主义在中国行得通》的评论文章。列昂惕夫是美籍俄裔经济学家，以创立投入产出法而荣获 1973 年诺贝尔经济学奖。列昂剔夫是明斯基的第二任导师。

兰 格 模 式

1936 年，兰格发表《社会主义经济理论》一文，继续论证用类似竞争市场的"试错法"，即"模拟市场"来实现资源的合理配置。兰格的出发点是新古典模式，他的见解被认为是最早提出的"市场社会主义模式"。早在 20 世纪初，西方的经济学者关于计划经济和市场存在争论。1902 年，意大利经济学家帕累托在《社会主义制度》一书中，首次对计划经济提出了赞同的观点，他认为用周密计划完成资源的有效配置是可能的。1908 年，帕累托的追随者巴罗内在《集体主义国家中的生产部门》一文中，用数学和逻辑的方法证明只要中央机构对资源状况现存的体系及每个产出层次的生产函数等有完全的知识，并且具备解出达到一般均衡状态所必需的千百万个方程组的技术能力，集中的计划管理同样可以有效地配置资源。1902 年，奥地利经济学家米塞斯发表《社会主义制度下的经济计划》一文，反对巴罗内的观点，否认社会主义经济的合理性。他认为，社会主义经济由于用公有制代替了私有制，用计划代替了市场，从而没有市场制度及合理的价格制度，因而不可能有严密的经济计算和正确的经济决策，不可能有效地配置资源。哈耶克、罗宾斯等人也同意米塞斯的观点，认为巴罗内的设想尽管在理论上可行，但在实际上是不可能实现的。针对

哈耶克、米塞斯等人的观点，美国经济学家泰勒于 1929 年在
《社会主义国家的生产指导》一文中进行了反驳，第一次提出指
导性计划的思想。他认为，采用"试错法"，按照指导性计划组
织和管理生产，社会主义就能够实现资源的合理配置。在这种背
景下旅美波兰经济学家兰格进一步发展了泰勒的思想，提出了著
名的兰格模式。兰格对经济学理论作出过多方面的重要贡献。
1946 年，西蒙斯去逝后，芝加哥大学请来了年轻的奥斯卡·兰格
主讲凯恩斯的经济学。他把货币引入均衡理论的分析中，认为货
币的引入是了解经济均衡以及不均衡过程的关键，这一点被他的
学生帕廷金传承了下去。

过度投资理论

1937 年，哈佛大学教授冯·哈伯勒出版《繁荣与萧条》。该书
对全部已有的经济周期理论进行了审视，但他主要继承奥地利学派
的理论。奥地利学派商业周期理论认为，价格信号被扭曲，导致企
业家被误导，会产生不当投资。冯·哈伯勒将企业家被误导以后的
这种行为称作过度投资。冯·哈伯勒是米塞斯在奥地利的经济学研
讨班的成员，后来思想开始倾向于凯恩斯主义。

IS-LM 模型

1937 年，英国经济学家希克斯在《凯恩斯先生和古典学派》一
文中首先使用 IS-LM 图形重新表述《通论》的部分内容。美国经济

学家汉森 1949 年在《货币理论和财政政策》一书中把财政政策变量引入 IS-LM 模型，故该模型又称为"希克斯-汉森模型"，其中 I 代表投资，S 代表储蓄，L 代表货币需求，M 代表货币供给。哈耶克与凯恩斯进行学术论战时，希克斯是青年教师，晚年的希克斯承认 IS-LM 模型更倾向于瓦尔拉斯主义，而不是凯恩斯主义。英国经济学家凯恩斯在 1936 年出版的《就业、利息和货币通论》中指出："存在着这样一种可能性，这就是当利息率降到某种水平时，流动性偏好可能变成几乎是绝对的。就是说，由于利息率太低，几乎每个人都宁愿持有现金而不愿持有债券。在这种情况下，货币当局会失去它对利息率的有效控制。"

可贷资金理论

1937 年，凯恩斯的学生罗伯森在古典利率理论的基础上提出了可贷资金理论。他认为利率不是由储蓄与投资所决定，而是由借贷资金的供给与需求的均衡点所决定。此人后期与凯恩斯决裂。

交 易 成 本

1937 年，科斯发表了《企业的性质》一文，提出交易成本理论。科斯首次提出交易费用概念，并用来解释企业存在的原因以及企业扩展的边界问题。科斯认为，当市场交易成本高于企业内部的管理协调成本时，企业便产生了。企业的存在正是为了节约市场交易费用，当市场交易的边际成本等于企业内部管理协调的边际成本时，就达到了企业规模扩张的界限。科斯开创的交易成本经济学在1975 年被后继者威廉姆森称为新制度经济学。凯恩斯与哈耶克论战时，科斯是伦敦政治经济学院的学生，科斯早年信奉社会主义，1932 年去美国时拜见的人之一就是社会主义党的总统候选人托马斯，科斯明确地说明了他写《企业的本质》是受当时社会主义思想论战的启发。他认为，企业的存在本身就是因为运用市场价格机制的成本太高，但全社会作为一个企业又造成管理成本过高。因此，"企业的本质"是介于市场和国家之间的组织形态，企业的存在本质即是由于市场机制的缺陷。威廉姆森进一步引入西蒙的有限理性的思想，完整地建立了交易成本经济学，使得新制度经济学有了面对真实世界的可能。

国民生产总值

1937 年，库兹涅茨出版《国民收入和资本构成》，书中概括地说明了国民收入和国民生产总值的定义和估算方法。库兹涅茨获得1971 年诺贝尔经济学奖，是美国新制度经济学代表人物米切尔在哥伦比亚大学的弟子。库兹涅茨长期就职于米切尔创办的美国国家经济研究局。他也是新经济史代表人物罗伯特·福格尔在约翰·霍普金斯大学时的博士生导师。罗伯特·福格尔的硕士导师为乔治·施蒂格勒。罗伯特·福格尔在思想上继承了施蒂格勒、在研究方法上继承了库兹涅茨。

恒久收入

1937 年，弗里德曼前往美国国家经济研究局担任西蒙·库兹涅茨的助手，承担收入与财富的分布规律及美国医生、律师、会计等自由职业者收入的研究，并与库兹涅茨联名出版了《独立专门职业收入》。在这本书中，弗里德曼第一次提出永久收入（恒久收入）和暂时收入概念。弗里德曼在库兹涅茨身上学到了统计学的研究方法。

证 伪 主 义

1938 年，哈其森出版《经济理论的定义和基本前提》，第一次将波普尔的证伪主义方法论准则引入经济学争论，经过以萨谬尔森为代表的麻省理工学院和以弗里德曼为代表的芝加哥学派的运用和大力阐释，逐渐成为 20 世纪经济学方法论的主流。

收入效应与替代效应

1939 年，英国经济学家希克斯出版《价值与资本》一书，对效用的研究提出了"无差异曲线"的序数效用分析，取代了传统的基数效用分析。无差异曲线分析将瓦尔拉斯和帕累托创立的福利经济学大大推进了一步，并推广了一般均衡论。希克斯还在书中提出"收入效应"和"替代效应"的概念，及无差异曲线的新方法和替代效应的概念，使一般均衡论获得了重要的发展。可以说，微观经济学，只有到了希克斯手中，才有了更为成熟的理论体系和方法。

卡尔多补偿

1939年，经济学家卡尔多发表《经济学的福利命题和个人间的效用比较》，将帕累托提出的社会经济最大化的新标准——"帕累托最优"作为福利经济学的出发点。随后，卡尔多、希克斯、伯格森和萨缪尔森等经济学家对"帕累托最优"作了多方面的修正和发展，并提出了补偿原则论和社会福利函数论，创立了新福利经济学。卡尔多、希克斯的补偿原则，是指某一经济变动虽然有受益者和受损者，如果受益者给予受损者以补偿，使受损者也接受这一变化，那么这一经济变化就意味着社会经济状态的增进。伯格森和萨缪尔森的社会福利函数是采用社会无差异曲线和效用可能性曲线来确定"帕累托最优"状态的最大值，其值由社会无差异曲线和效用可能性曲线的切点确定。"帕累托最优"状态概念和马歇尔的"消费者剩余"概念是福利经济学的重要分析工具。凯恩斯与哈耶克论战期间，卡尔多当时是伦敦政治经济学院的学生，后来加入凯恩斯学派，成为后凯恩斯学派代表人物，晚年又批判货币主义，以提出内生货币理论闻名。卡尔多将"帕累托最优"引入福利经济学，某种程度上是将福利经济学带入了歧途，是福利经济学研究脱离实际的开始。

熊彼特的创新经济周期理论

1939 年，熊彼特出版代表作《景气循环论》，提出创新引起模仿，模仿打破垄断，刺激大规模的投资，导致经济繁荣。可是当进入的企业足够多时，盈利机会就会消失，经济开始消退，等待新的创新，如此循环。熊彼特的著作比凯恩斯的《通论》晚出版三年，熊彼特虽然提出了别具一格的解释经济周期的理论，但并没有提出有效的解决大萧条的方案。1939 年，熊彼特在书中总结了前人观点，并指出经济周期是三种持续时间不同的周期嵌套，分别是 40 个月的基钦周期、10 年的朱格拉周期和 60 年康德拉季耶夫周期，还在周期理论中引入了他独特的科技创新观点。这本书并不是熊彼特最出名和成功的著作，但确实是多周期嵌套的最初来源。在这本书中，基钦周期就被形容为存货的周期。

有效竞争理论

1940 年 6 月，美国经济学家 J. M. 克拉克在《美国经济评论》上发表了《关于有效竞争的概念》一文。他针对完全竞争概念的非现实性，提出了"有效竞争"的概念，主张以"有效竞争"代替"完全竞争"的概念。所谓有效竞争，就是既有利于维护竞争又有利于发挥规模经济作用的竞争。他认为，多样化的竞争手段可以解决马歇尔冲突，这对哈佛学派产业组织理论的发展和体系的建立产生了重大影响。克拉克在 1961 年出版的《竞争作为动态过程》一书，系统地阐述了有效竞争理论。按照克拉克的观点，有效竞争就是由"突进行动"和"追踪反应"这两个阶段构成的一个无止境的动态过程的竞争，其前提是竞争因素的不完全性，其结果是实现了技术进步与创新。"突进行动"阶段是由先锋企业首先进行创新，运用新技术，推出新产品，开发新市场，实行新的生产组织形式，从而获得"优先利润"，在市场竞争中处于优势地位；在随后的"追踪反应"阶段，那些和先锋企业处于竞争关系的其他企业开始模仿和追随先锋企业的方式，以期获得部分"优先利润"或至少是避免目前利润水平的下降。"突进行动"和"追踪反应"这两个阶段在竞争过程中是不断交替进行的，而且是连续不断的。克拉克是美国经济学会创始人约翰·贝茨·克拉克的儿子，长期就职于芝加哥大学，他比较知名的弟子为芝加哥学派掌门人奈特。

国民经济核算体系

1940年，尼古拉斯·斯通被调到战时内阁办公室的中央经济信息处工作，先后担任战时内阁中央统计局高级统计师即约翰·梅纳德·凯恩斯的助手。在凯恩斯的指导下，斯通开始建立国民经济核算体系。斯通与詹姆士·米德一起研究如何使理论上的国民收入和支出的平衡与实践相一致，并于1941年编制出英国国民收入和支出核算的估计数据。斯通还是剑桥大学应用经济学系的创建人，1984年诺贝尔经济学奖得主。斯通最有名的弟子是2015年获得诺贝尔经济学奖的安格斯·迪顿，此人以研究消费著名，提出"迪顿悖论"。

补偿财政理论和混合经济

　　1941 年，哈佛大学经济学教授汉森出版《财政政策与经济周期》，提出补偿性财政理论，即政府以繁荣年份的财政盈余补偿萧条年份的财政赤字，以缓解经济的周期性波动，达到财政平衡。汉森在书中还较系统地解释了"混合经济"的含义。他认为，19 世纪末期以后，大多数资本主义国家的经济就开始逐渐变为私人经济和社会化经济并存的"公私混合经济"或者"双重经济"。汉森认为，这种"混合经济"具有双重的意义，即生产领域的"公私混合经济"（国有企业与私人企业并存）和收入与消费方面的"公私混合经济"（公共卫生、社会安全和福利开支与私人收入和消费的并存）。后来，1948 年，萨缪尔森在《经济学》中也专门论述了"混合经济"。他认为，"混合经济"就是国家机构和私人机构共同对经济实行控制，但是国家对经济的调节和控制更为重要。

　　汉森在大萧条期间供职于罗斯福的经济智囊团队，曾在凯恩斯访美期间受到凯恩斯影响，后来成为美国凯恩斯学派的创始人。汉森是美国制度学派康芒斯在威斯康星大学的学生，在哈佛大学开设了财政政策研讨班，培养了萨缪尔森、托宾、索洛、奥肯、多玛、马斯格雷夫等凯恩斯主义经济学家。

庇 古 效 应

　　1941 年，庇古出版《就业与均衡》，提出"庇古效应"，即随着物价水平的下降，实际货币余额增加，消费者感到富有，并且更多地进行支出消费，从而有利于将失业恢复到经济危机之前的水平。庇古在《古典静态》（1943）一文中提出，"庇古效应"这一概念是C. 哈伯勒提出来的，本质是通货紧缩状态下的货币升值效应。"实际余额效应"是以色列经济学家帕廷金将"庇古效应"与"凯恩斯效应"结合起来提出的，帕廷金的"实际余额效应"就是"庇古效应"。

功 能 财 政

1943 年，勒纳在《社会研究》杂志上发表《功能财政和联邦债务》一文，指出平衡预算并不是财政政策的主要目标，对于政府来说，重要的是积极地运用财政政策去平衡经济，并将之称为"功能财政"。功能财政是指政府为实现无通货膨胀的充分就业预算可以盈余，也可以赤字，而不能以预算平衡为目的。1932 年，勒纳来到伦敦政治经济学院学习经济学，与科斯成为同学。勒纳不是凯恩斯剑桥学术圈的成员，而与希克斯、卡尔多一样是在哈耶克与凯恩斯的大辩论中倒戈到凯恩斯阵营里的。

国民收入与支出

1944 年，英国剑桥大学经济学家斯通和米德合著的《国民收入和支出》一书，是最早的国民收入核算的标准教科书，也是英国宏观经济学的经典之作。该书深入浅出地指出了国民收入或国民账户中的主要问题，并作了精辟的解答。1952 年，英国中央统计局根据该书提出的原理和方法，开始发表年度国民收支蓝皮书。诺贝尔奖评选委员会认为，它"对经济的分析和发展是一种很有力的新方法"。1953年，斯通担任主席的联合国专家委员会推出《国民经济核算体系及辅助表（1953年）》。1940—1945年，斯通在英国战时内阁中央统计局任高级统计员；二战后，他在剑桥大学担任应用经济学系主任。1955—1980年，斯通担任剑桥大学财务与会计教授，1978年，英王授予斯通爵士称号，并当选为皇家经济学会主席。因在国民账户体系的发展中作出了奠基性贡献，1984年斯通荣获诺贝尔经济学奖。

博弈论的诞生

1944年，被后人称为"计算机之父"和"博弈论之父"的大数学家冯·诺依曼与经济学家摩根斯坦合著的《博弈论与经济行为》出版，标志着博弈论体系的诞生。在此基础上，当时普林斯顿大学数学系的两位博士生——纳什和沙普利分别将博弈论研究推向两个不同的方向，即非合作博弈和合作博弈。经济学能够与数学走到一起，小门格尔功劳很大。诺依曼与摩根斯坦都是小门格尔组织的维也纳数学圈子的成员，小门格尔是奥地利学派创始人、经济学家门格尔的儿子，他横跨数学和经济学两界，所以圈子里既有数学家也有经济学家。19世纪二三十年代，小门格尔组织了一个叫"维也纳圈子"的学术团体，吸引了欧洲顶尖的数学家和经济学家。就是在小门格尔组织的研讨会上，沃尔德首次开拓性地证明了瓦尔拉斯竞争均衡的存在，冯·诺依曼宣读了关于扩张经济的均衡的论文（小门格尔对伯努利悖论的研究还推动了冯·诺依曼对效用理论的公理证明），小门格尔还对摩根斯坦应用数学研究经济问题产生过直接影响。而这三人的研究，成为后来博弈论的重要基础。冯·诺伊曼和摩根斯坦还提出期望效用理论，该理论认为人们在面临风险时追求期望效用的最大化。

丁伯根法则

1945 年，丁伯根在担任荷兰中央计划局局长期间提出了"丁伯根法则"，即为达到一个经济目标，政府至少要运用一种有效的政策；为达到几个目标，政府至少要运用几个独立、有效的经济政策。所以，丁伯根法则告诉我们：一种工具，实现一种政策目标最有效率，而如果试图用一种工具实现一种以上的政策目标时，便会因目标之间的冲突而降低效率，甚至会背离目标而出现更加失衡的状态，即一种政策工具只能解决一个问题。丁伯根是 1969 年首届诺贝尔经济学奖的获得者。

知识分立理论

1945 年，哈耶克在《美国经济评论》上发表《知识在社会中的运用》，被认为是哈耶克最重要的文章。此前，他还在 1937 年发表了《经济学与知识》。这两篇经典文章构建了他的经济学理论的知识论基础，即在具有细密劳动分工的现代市场经济中，人们的知识是分立的，因而只有用市场价格机制进行资源配置才是有效率的。正是通过价格体系的作用，劳动分工和以人们分立知识为基础的协调运用资源的做法才有了可能。哈耶克在一次美国巡回讲座中结识了亨利·西蒙斯，两人成为朋友。后来西蒙斯帮助哈耶克在芝加哥大学谋得工作，但因为弗里德曼的阻挠，哈耶克并没有任职于经济系，而是成为社会学教授。那个时期的芝加哥大学，经济学百花齐放，当时除了有激进的兰格外，还有自由主义者道格拉斯、中间路线的维纳以及保守主义者奈特。

搜寻与价格离散

1946 年，乔治·斯蒂格勒出版《价格理论》，对不完全信息下的消费者价格搜寻活动进行了详细的分析。他认为，信息搜寻是一个成本递增的过程，信息不对称和价格的离散性则是搜寻的前提。他指出，如果消费者在获得商品质量、价格和购买时机的信息成本过高，那么购买者将既不能也不想得到充分的信息，从而造成同一种商品存在不同价格，打破原有市场理论中关于一种商品只存在一种价格的假定。所谓价格离散，是指同地区、同质商品的价格差异，价格离散程度越高，每次搜寻所获得的节省额就越大，有效搜寻次数就越多。斯蒂格勒的观点更新了微观经济学的市场理论中关于一种商品只存在一种价格的假定。在研究过程中，斯蒂格勒还把这种分析延伸到劳动市场。斯蒂格勒的搜寻思想并没有过多涉及劳动力市场工作搜寻匹配的具体模型，但美国经济学家戴蒙德、莫滕森以及英国经济学家皮萨里季斯对此有所发展，这三位经济学家对

"经济政策如何影响失业率"作出了深入的理论分析，并获得了2010年的诺贝尔经济学奖。这也再次印证了搜寻理论已成为劳动经济学的主流思想。

哈罗德-多玛模型

1946—1948年，英国经济学家哈罗德和美国经济学家多玛首先提出现代经济增长理论，亦称哈罗德-多玛增长模型。该模型表明，经济增长率随储蓄率增加而提高，哈罗德以凯恩斯的收入理论为基础，使凯恩斯静态的理论动态化、使短期的理论长期化。该模型的提出拉开了战后经济学家研究增长理论的序幕。哈罗德1919年进入牛津大学，专修古典文学、哲学及历史学。1922年毕业后去剑桥大学，在凯恩斯指导下研究经济学一年，后长期在牛津大学执教。哈罗德用"乘数原理"和"加速原理"的互相作用解释经济周期。哈罗德在凯恩斯逝世五周年之际推出了《凯恩斯传记》，表示对凯恩斯的纪念和哀思。

社会市场经济

1947年，德国经济学家米勒-阿玛克出版《经济调控和市场经济》一书，提出了社会市场经济的概念。社会市场经济是一种以市场经济为主、国家调节为辅的经济政策，指国家在不妨碍企业自主经营的条件下，对经济进行某些干预和控制，以更充分地发挥市场经济的调节作用，比如政府通过发展社会福利，在一定程度上克服由于市场经济无节制发展导致的贫富悬殊、失业、经济危机、通货膨胀等社会弊病。米勒-阿玛克是德国前总理路德维希·艾哈德的好友兼同事，两人共同缔造了战后德国的社会市场经济模式，米勒-阿玛克曾担任德国经济部司长、国务秘书。

显示性偏好

1948 年，萨缪尔森在《用显示性的偏好论述的消费理论》一文中提出显示性偏好概念。这是研究需求理论的一种方法，消费者在一定价格条件下的购买行为暴露了或显示了他内在的偏好倾向。因此，我们可以根据消费者的购买行为来推测消费者的偏好。

合成谬误与自动稳定器

1948 年，萨缪尔森出版《经济学》，提出合成谬误，即微观上而言是对的东西，在宏观上并不总是对的；反之，在宏观上是对的东西，在微观上可能是十分错误的。凯恩斯的节俭悖论已经包括了合成谬误的意思。萨缪尔森还提出"自动稳定器"的税收思想，认为一种好的税收政策应该是政府利用税收和财政支出来减轻经济周期波动的政策。萨缪尔森把这种财政税收政策称为"积极的财政政策"或经济的"自动稳定器"，具体做法是在经济繁荣和通货膨胀时期保持税收自动上升，在经济衰退时期又能自动下降。"自动稳定器"主要是指失业补助金、其他福利转移支付和自动改变的税收制度。美国是实行以累进所得税为主体税制的国家，这种税收制度具有一定程度的自动伸缩性，即一旦衰退开始，公司利润和个人收入就会下降，这时即使不降低税率，税收收入也会自动减少。此外，由于实行累进税制，税收收入减少的幅度还要大于公司利润和个人收入减少的幅度。萨缪尔森于 1970 年获得诺贝尔经济学奖，他的三个研究生助手劳伦斯·克莱恩、罗伯特·默顿、约瑟夫·斯蒂格里茨也都陆续获得诺贝尔经济学奖。

累进税制度

1949 年，哥伦比亚大学教授维克里出版《累进税制议程》一书，成为研究财政与赋税问题的经典之作。维克里认为，大多数所得税制度规定的课税依据中列入的资本收益指已实现的收益，其部分原因在于未实现的收益难以准确计算，如一些资本资产在收益实现以前很难确定其所有权的归属。对此，维克里建议对这类应计收益按实际收益追溯征税。同时，他还研究了累积平均资产、遗赠权继承税、遗产税年终级差、未分配利润税收的合理化、工资收入信贷的合理化、土地价值税等问题。维克里指出，设计税收制度将会面临两个方面的动机问题：一是政府不能确切地知道每个人的真实能力，因此会产生资讯不对称问题；二是税收制度反过来又会直接影响和激励相容问题，以便在二者之间找到一个最佳的平衡。维克里本科就读于耶鲁大学，是费雪的学生。他的税制研究主要是受耶鲁大学教授费雪的影响，因为费雪是累进制税收的主张者。20 世纪 60 年代，维克里开始对拍卖等具体的市场机制进行研究，对拍卖领域产生了巨大影响。维克里长期担任哥伦比亚大学教授，曾任系主任。维克里出生于著名的"诺奖小镇"纽约州黑斯廷斯小镇。1996 年，维克里与詹姆斯·莫里斯一起获得诺贝尔经济学奖，他们共同的研究命题就是"最优税制"。他也是这个小镇第一个诺贝尔经济学奖获得者，后来这里还有 1997 年诺贝尔经济学奖的获得者莫顿和 2006 年诺贝尔经济学奖的获得者菲尔普斯。

相对收入假说

1949 年，詹姆斯·S. 杜森贝里在《收入、储蓄和消费者行为理论》中提出"相对收入假说"，该假说间接说明了消费对于经济周期稳定的作用。相对收入假说认为，消费并不取决于现期的绝对收入水平，而是取决于相对收入水平，即消费者在国民收入分配中的相对地位与消费者过去所达到的最高收入水平。人们的消费行为存在示范效应和棘轮效应。同年，莫迪利安尼在《储蓄-收入比率的波动：经济预测问题》中也提出了类似观点的示范效应。弗里德曼认为，可以把相对收入假说作为持久收入假说的一个特例。示范效应，是指家庭消费决策主要参考其他同等收入水平家庭，即消费有模仿和攀比性。棘轮效应，是指家庭消费即受本期绝对收入的影响，更受以前消费水平的影响。消费习惯形成之后具有不可逆性，即易于向上调整但难于向下调整。尤其是在短期内，消费是不可逆的，其习惯效应较大。这种习惯效应使消费取决于自己过去的高峰收入。因此，消费者易于随收入的提高增加消费，但不易于随收入降低而减少消费。

纳 什 均 衡

1950 年，约翰·纳什获得美国普林斯顿高等研究院的博士学位，其在仅有 27 页的博士论文中提出后来被称为"纳什均衡"的博弈理论，又称非合作博弈均衡。纳什认为，在一个博弈过程中，无论对方的策略选择如何，当事人一方都会选择某个确定的策略，则该策略被称作支配性策略。如果两个博弈的当事人的策略组合分别构成各自的支配性策略，那么这个组合就被定义为纳什均衡。同年，数学家艾伯特·塔克以囚徒方式阐述非合作博弈，并命名为"囚徒困境"，"囚徒困境"在博弈论的非零和博弈中具代表性。1994 年，他与其他两位博弈论学家——约翰·C. 海萨尼和莱因哈德·泽尔腾共同获得诺贝尔经济学奖。由于 20 世纪后期信息经济学的发展，非合作博弈在研究不对称信息情况下市场机制的效率问题中发挥了重要作用，曾独占鳌头。但非合作博弈的解——"纳什均衡"仅仅意味着"双不亏"，并不能实现共赢。

中心-外围结构

1949 年 5 月，阿根廷经济学家劳尔·普雷维什向联合国拉丁美洲和加勒比经济委员会（简称"拉美经委会"）递交了一份题为《拉丁美洲的经济发展及其主要问题》的报告，系统阐述了"中心-外围"理论。它将资本主义世界划分成两个部分：一个是生产结构同质性和多样化的"中心";一个是生产结构异质性和专业化的"外围"。前者主要由西方发达国家构成,后者则包括广大的发展中国家。"中心"与"外围"之间的这种结构性差异并不说明它们是彼此独立存在的体系,恰恰相反,它们是相互联系、互为条件的两极,前者在世界经济中占据支配地位,后者依附于前者并受到剥削。该理论提出后引起巨大反响,被认为是不发达世界向发达世界的现代化思想的有力回击。此说影响了一大批拉美国家的革命者,如切格瓦拉等。

经济危机四阶段

1950 年,英国经济学家约翰·理查德·希克斯在《经济周期理论》一书中提出经济危机的四阶段理论,分别是复苏、繁荣、衰退和萧条四个阶段。该书还明确了乘数加速原理导致经济周期的规律。

凡勃伦商品

1950 年,哈维·莱本施泰因教授发表《消费需求中的从众效应、虚荣效应和凡勃伦效应》,将凡勃伦的理论应用到经济学中。文章指出,马歇尔的需求法则较为盛行,他认为低价会导致更多的需求,但对于某些商品来说,即所谓的"凡勃伦商品",消费者对其需求取决于其效应,而且消费者认为这个价格是其他人买不起的价格,是消费者所期待的炫耀性价格。

阿罗不可能定理

　　1951 年，美国经济学家肯尼斯·约瑟夫·阿罗在《社会选择与个人价值》一书中提出"阿罗不可能定理"。阿罗采用数学公理化方法对通行的投票选举进行研究，发现随着候选人和选民的增加，"程序民主"必越来越远离"实质民主"。阿罗的博士就读于哥伦比亚大学，在数学家哈罗德·霍特林的指导下攻读数理经济学，与弗里德曼是同门师兄弟。20 世纪影响最大的两位经济学家——弗里德曼和阿罗都毕业于哥伦比亚大学，这是很少被人提到的。哥伦比亚大学是二战前美国经济学的核心重镇。1949 年夏天，阿罗担任兰德公司的顾问，"阿罗不可能定理"即在兰德公司工作时的成果。阿罗在微观经济学领域影响极大，是约翰·海萨尼、迈克尔·斯宾塞、埃里克·马斯金和罗杰·迈尔森等诺贝尔经济学奖获得者的导师。其中海萨尼博士毕业于 1958年，是阿罗在斯坦福大学的博士生，迈克尔·斯宾塞是 1972 年阿罗在哈佛大学的博士，马斯金和迈尔森是 1976 年阿罗在哈佛大学的博士。一次偶然的机会，马斯金学习了阿罗教授的信息经济学课程。这门课被马斯金称为"经济理论前沿的一个大杂烩"，但其中很大一部分内容讲述了莱昂尼德·赫维奇（后与马斯金共同获得 2007 年诺贝尔经济学奖）在机制设计这一新兴领域的基础工作，而正是这方面的内容，给马斯金带来了重要的启示。

米 德 冲 突

　　1951年，英国经济学家詹姆斯·米德在《国际收支》中最早提出固定汇率制下的内外均衡冲突问题，被称为"米德冲突"。在开放的经济环境中，宏观经济政策不仅要实现内部均衡，即稳定通货、充分就业和实现经济增长，还要实现外部均衡，即保持国际收支平衡。如果独立实行一项政策，容易引起内外部均衡之间的冲突。后来，丁伯根发展了米德的观点，即以财政政策实现内部均衡，以货币政策和汇率政策实现外部均衡。固定汇率制度下，汇率工具无法使用，要运用财政政策和货币政策来达到内外部同时均衡。米德是凯恩斯的学生，也是现在世界各国使用的 GDP 核算法的两个发明人之一。米德于 1930 年大学毕业后，到剑桥大学三一学院受教于丹尼斯·罗伯逊（凯恩斯早期的学生），并成为凯恩斯学术圈子中的一员。1931—1937 年，米德在牛津大学赫特福学院担任经济学讲师，讲授经济学理论；1940 年，经凯恩斯推荐，成为战时英国内阁秘书处经济部的一员，1946 年升任该部的主任；1957年，米德转入剑桥大学任政治经济学教授，在这里他最有名的学生是国际宏观经济学家蒙代尔。蒙代尔不可能三角其实就是在对米德冲突的基础上深化研究得出的。

经济心理学

　　1951年，乔治·卡托纳出版《经济行为的心理分析》，被视为

"一部富有开拓价值的重要著作""经济心理学的开山经典"。卡托纳广泛研究了消费者行为的心理基础，特别是预期的形成，提出了关于通货膨胀心理预期假说，为后来的通货膨胀目标理论打下了基础。早期行为经济学家主要指赫伯特·西蒙在卡耐基·梅隆大学和乔治·卡托纳在密歇根大学带领的两个学术团队。

资产选择理论

1952 年，美国经济学家哈里·马科维茨发表《资产选择》，提出资产组合理论，首次应用资产组合报酬的均值和方差这两个数学概念，这是现代金融学的开端。在这篇论文中，马科维茨第一次精确定义了风险和收益，而在此之前它们只是含义模糊的时髦词汇。具体来说，马科维茨把投资的收益或回报定义为其可能结果的期望值或概率加权平均值，把风险定义为其可能结果对于平均值的方差或离差的平方。将收益和风险定义为均值和方差，对今天的金融界来说几乎已成为本能，在当时却远非显然。该理论认为，最佳投资组合应当是具有风险厌恶特征的投资者的无差异曲线和资产的有效边界线的交点。马科维茨将强有力的数理统计方法引入资产组合选择的研究中。马科维茨与威廉·夏普、默顿·米勒同时荣获 1990 年诺贝尔经济学奖，资产组合理论被视为金融学的大爆炸理论，引起了金融学的革命。马科维茨与威廉·夏普是师生兼同事关系，夏普在兰德公司工作，同时在加州大学洛杉矶分校攻读博士学位。1960 年，为完成博士论文向同在兰德公司的马科维茨求教，自此，他们开始密切合作，研究"基于证券间关系的简化模型的证券组合分析"课题。马科维茨虽然不是夏普博士论文答辩委员会的成员，但实际上是整篇论文的顾问。1961 年，夏普通过博士论文答辩，同时获得博士学位。

阿 莱 悖 论

1952 年，阿莱悖论证明了期望效用理论及其依据的理性选择公理存在逻辑不一致的问题。阿莱悖论揭示了人们在做决策时可能不遵循期望效用理论的一致性原则。卡尼曼和特沃斯基创立了行为经济学的前景理论，其中提出了可用于解释阿莱悖论的"确定性效应"，即人在决策时对结果确定的现象过度重视。阿莱悖论的存在表明，"理性经济人"作为西方经济学的基本假设，其基础是不牢靠的。阿莱以"多市场经济模型"进一步强化了西方主流经济学的一般均衡理论，但又以阿莱悖论动摇了西方主流经济学的"理性经济人"假设。2008 年国际金融危机爆发时，阿莱专门写了一本书，强调了自己一贯的立场，即市场原则必须被限制在适用范围内，否则，如果我们听任市场原则滥用于它的适用范围之外，如政治、法律、思想学术等领域，那么自由市场最终导致自由完全消失。

抗 衡 力 量

1952 年，美国哈佛大学经济学家加尔布雷思出版《美国资本主义》，全面阐释了"抗衡力量"的概念。他认为，在资本集中过程中形成了一些同垄断组织相抗衡的力量，这些抗衡力量可以中和、抵消垄断组织的势力，以增强垄断资本主义自动调节经济的力量。加尔布雷思所说的"抗衡力量"包括工会、合作社、连锁商店、买方或卖方的大公司和新出现的资本主义联合组织等，其中工会这种抗衡力量的运用表现得最突出。加尔布雷思是美国新制度学派的代表人物，是美国总统肯尼迪的哈佛大学同学，后来成为肯尼迪、约翰逊政府的高级顾问，是美国"伟大社会"建设的幕后操盘手，加尔布雷思为约翰逊起草了《伟大社会》的讲稿。1972 年，加尔布雷思被选为美国经济学会会长。加尔布雷思与英国剑桥大学经济学家罗宾逊是好友，都具有很强的中国情结，两人都在国际上给了中国非常多的支持。二战时，加尔布雷思曾在中国短暂停留。1972 年访问中国后，写作了《中国之行》一书。

净收益理论

1952 年，美国经济学家大卫·杜兰特在《企业债务和股东权益成本：趋势和计量问题》一文中提出净收益理论。该理论认为，由于债务资金成本低于股权资金成本，运用债务筹资可以降低企业资金的综合资金成本，且负债程度越高，综合资金成本就越低，企业价值就越大。按照该理论，当负债比率达到 100% 时，企业综合资金成本最低，企业价值最大。

合作博弈与市场设计

1952 年，美国数学家、经济学家沙普利将"核"发展为合作博弈的一般利益分配集合，即它是一种所有成员均无法提升自身效用的稳定联盟状态。沙普利（1953）进一步在合作博弈框架中加入一些着眼于"公平"分配合作利益的公理。沙普利首先对"公平""合理"等概念进行了严格的公理化描述，然后寻求是否有满足人们想要的那些公理的解。继冯·诺依曼和摩根斯坦之后，沙普利被认为是博弈论领域最出色的学者。博弈论有两大流派，即合作博弈与非合作博弈，代表人物分别是沙普利与纳什。20世纪七八十年代后，非合作博弈开始占主流，纳什与另两位学者——海萨尼和泽尔腾一起获得了1994年诺贝尔经济学奖。2012年，沙普利与哈佛大学教授埃尔文·罗斯一起获得诺贝尔经济学奖，获奖理由是"稳定分配理论和市场设计实践"，但沙普利认为自己是个数学家，在获知得奖后，沙普利对美联社表示，"我一辈子没有学过经济学课程"。经济学中经典名词沙普利值也是由他提出并以他的名字命名。沙普利与其他博弈论专家类似，长期任职于普林斯顿大学以及兰德智库，他在兰德智库服务超过30年。沙普利在抗战期间曾加入美国陆军航空队，前往成都支援中国抗战，并且在破译敌军密码中立下战功。目前，四川省成都市大邑县仍然树有沙普利的雕像。

弗里德曼扭曲

1953年，弗里德曼的论文集《实证经济学论文集》出版，旨在解决构建老凯恩斯提倡的"独特的实证科学"过程中产生的一些方法论问题，其中一篇文章便是《实证经济学方法论》，并在经济学界引起了巨大争议，也几乎引导了战后经济学研究的方法论潮流。萨缪尔森批判其为"弗里德曼扭曲"；哈耶克不赞同弗里德曼的实证主义和货币理论，认为这两个理论是试图通过极度简化因果关系去解释整个经济现象的失败尝试，认为弗里德曼的书是非常危险的。弗里德曼后来一直带着芝加哥大学的标签，但在哥伦比亚大学得到众多名师的指导才是关键，正如他在传记中所说，"霍特林在数理统计学方面给予我新的启发；米切尔不但引导我用制度性的观点来处理经济理论，也介绍解决景气循环的不同方法；克拉克则教导我独特的创见，即结合纯理论与社会及制度方面的研究方法"。弗里德曼能够成为货币大师和实证统计大师，都得益于哥伦比亚大学，因为美国制度学派师承德国历史学派，一直重视统计实证，且米切尔和克拉克都是美国制度学派的代表人物。另外，米切尔本身也是研究货币的专家。弗里德曼的《美国货币史》就是在米切尔创办的美国国家经济研究局完成的。客观来说，弗里德曼在哥伦比亚大学学到了他能够成为一位伟大经济学家最核心的知识，而芝加哥大学只是塑造了他的思想倾向而已。弗里德曼到芝加哥大学后，特别是加入朝圣山学社之后，渐渐受到哈耶克等人的影响，开始偏离制度主义的传统，后来彻底转变为一名自由主义者。

公共产品理论

1954年，美国经济学家萨缪尔森在《公共支出的纯理论》一文中，首次定义了公共物品的概念。公共物品与私人物品相对应，是指不能由私营部门通过市场提供而必须由公共部门以非市场方式提供的物品或劳务。公共物品具有三个方面的特性，分别是效用的不可分割性、消费的非排他性和受益的不可阻止性。萨缪尔森之前的奥意学派就提出了公共产品概念，瑞典学派讨论过公共产品均衡问题，但萨缪尔森的定义才让公共产品真正成为一个经济学概念。萨缪尔森提出的经济学理论庞杂而又分散，但"公共产品"和"合成谬误"绝对算是他提出的最重要的理论。萨缪尔森主要受他的哈佛同学马斯格雷夫的影响。马斯格雷夫从德国移居美国，1939 年在《经济学季刊》发表论文《财政自愿交换论》，即向英美财政学引介了欧洲财政学上的成果，特别是将维克塞尔和林达尔关于公共物品—税收决定的交易模型引入英美财政学界。这篇论文引起了哈佛大学研究生萨缪尔森的注意，并受到启发，写成《公共支出的纯理论》一文。

消费与储蓄的生命周期假说

1954 年，美国经济学家莫迪利安尼提出消费与储蓄的生命周期假说，这一假设在研究家庭和企业储蓄中得到了广泛应用。这一假说强调当前消费支出与家庭整个一生的全部预期收入的相互联系。该理论认为，每个家庭都是根据一生的全部预期收入来安排自己的消费支出的，即每个家庭在每一时点上的消费和储蓄决策都反映了该家庭希望在其生命周期各个阶段达到消费的理想分布，以实现一生消费效应最大化的企图。因此，各个家庭的消费取决于他们在两个生命期内所获得的总收入和财产。这样，消费就取决于家庭所处的生命周期阶段。莫迪利安尼博士就读于美国新社会研究学院，这是一所由经济学家凡勃伦和哲学家杜威等创立的进步主义大学，莫迪利安尼在这里结识了凯恩斯主义早期代表人物勒纳，从而加入凯恩斯学派，同时他也是诺贝尔经济学奖得主罗伯特·席勒的导师。莫迪利安尼1976年担任美国经济学会会长，1985年获得诺贝尔经济学奖。在卡内基理工学院工作期间，他还与金融学家米勒一起提出了"M-M"定理。

劳动力无限供给理论与城乡二元结构

1954年，刘易斯发表论文《无限劳动供给下的经济发展》，提出了发展中国家存在的二元经济特征，即在一定条件下，传统农业部门的边际生产率为零或成负数，劳动者在最低工资水平上提供劳动，因而存在无限劳动供给。城市工业部门工资比农业部门工资稍高点，并假定这一工资水平不变。由于两部门工资差异，诱使农业剩余人口向城市工业部门转移。经济发展的关键是资本家利润即剩余的使用，当资本家进行投资时，现代工业部门的资本量就增加了，从农业部门吸收的剩余劳动就更多。当剩余劳动力消失时，劳动的边际生产率也会提高，与工业达到一致，这时经济中的二元结构也消失了。"二元经济"的说法最初由伯克于1933年提出，他在关于印度尼西亚社会经济的研究中，把该国经济和社会划分为传统部门和现代化的荷兰殖民主义者所经营的资本主义部门。刘易斯于1932年在英国伦敦政治经济学院学习经济学，1937年获经济学学士学位，1940年获经济学博士学位并留校任教直至1948年。这是刘易斯学术生涯的重要时期。1979年，刘易斯获得诺贝尔经济学奖。刘易斯的学术道路与哈耶克有关，时任伦敦政治经济学院经济学系主任的哈耶克曾要刘易斯教授二战间世界经济的课程，但刘易斯回答说他在这方面知之甚少。哈耶克没有作罢，反而劝说道，这是一个帮助他学习经济学的良机。刘易斯答应了，并开始关注国际问题。刘易斯的"劳动无效供给"理论指出，如果没有农业劳动生产率的提高，根本不可能出现劳动力的无限供给，而农业劳动生产率的提高则必须以重工业，特别是石化和机械工业的发展为前提。事实上，这个理论并不完全正确。

李嘉图恶习

1954年，熊彼特在纽约出版《经济分析史》，提出"李嘉图恶习"，指他倾向于利用严格的假设来支撑其论断，李嘉图理论出现问题在于把这种抽象直接应用于现实。熊彼特称李嘉图的理论"是一种绝不可能被驳倒的，除了没有意义之外什么都不缺少的理论"。然而，李嘉图的这种抽象的演绎方法是独创的，对后来的经济学发展起到了举足轻重的作用，其演绎推理加数学公式的研究方法被学者称为"李嘉图恶习"，而这种方法其实也正是弗里德曼在《实证经济学方法论》中提倡的。熊彼特曾表示，批判李嘉图的同时，感觉是在指桑骂槐批判弗里德曼。

一般均衡的证明

1954年，阿罗和德布鲁联名发表《竞争性经济中均衡的存在》。

在这篇具有划时代意义的文章中，他们运用迄今在经济学中鲜为人知的拓扑学方法，对一般均衡的存在开展了权威性的数学证明。德布鲁对一般均衡的兴趣来源于阿罗，他在 1943 年读了莫里斯·阿莱的《个体经济学说研究》，其中陈述的列昂·华尔拉于 1874—1877 年始创的一般经济均衡的数学理论吸引了他，因此，他对一般均衡产生了浓厚的兴趣。20 世纪 50 年代，阿罗曾请阿莱介绍两名数学专业的年轻人到斯坦福大学参与研究一般均衡的存在性问题。阿莱推荐了自己的学生德布鲁。

库兹涅茨曲线

1955 年，美国经济学家库兹涅茨提出收入分配状况随经济发展过程而变化的曲线，又称"库兹涅茨曲线"。该理论认为，收入分配的长期变动轨迹是"先恶化，后改进"，形状是倒 U 形，所以也叫"倒 U 曲线"。该曲线表明的收入分配变化状况与实证研究并不完全符合，所以也常常被称作"倒 U 假说"。库兹涅茨是哥伦比亚大学博士，美国制度学派代表人物米切尔最有名的弟子。美国制度学派继承德国历史学派传统，非常注重社会统计，这一点也影响了弗里德曼。弗里德曼曾任库兹涅茨的助手。

有 限 理 性

1955 年，赫伯特·西蒙在他的名作《理性抉择的行为模型》中正式提出"有限理性"理论，并指出人的行为是过程理性。有限理性的概念最初是阿罗提出的，他认为有限理性就是人的行为"既是有意识地理性的，但这种理性又是有限的"。"有限理性"概念的主要提倡者是诺贝尔经济学奖得主西蒙。20 世纪 40 年代，赫伯特·亚历山大·西蒙详尽而深刻地指出新古典经济学理论的不现实之处，分析了它的两个致命弱点：①假定目前状况与未来变化具有必然的一致性；②假定全部可供选择的"备选方案"和"策略"的可能结果都是已知的。事实上这些都是不可能的。西蒙的分析结论使整个新古典经济学理论和管理学理论失去了存在的基础。

西蒙是卡内基·梅隆大学的教授，他一生最辉煌的成就就是在这里取得的。1978 年，西蒙荣获诺贝尔经济学奖。后来大名鼎鼎的行为经济学家塞勒曾是西蒙所领导的一个委员会的委员，其任务是向总统的科学顾问提交关于决策与问题求解的研究报告，因此，西蒙可以算是行为经济学的先驱。后来理性预期研究也起源于卡内基·梅隆大学。20 世纪中叶，西蒙和他的同事穆斯围绕理性问题展开研究，结果得出大相径庭的结论。在西蒙看来，如果行为是一系列深思熟虑的结果，那么行为就是过程理性的，过程理性取决于产生它的过程本身。新古典经济学对理性的处理就是通过在给定偏好公理前提下，当事人围绕目标和约束条件求最优解，内在一致性的理性被具体化为效用最大化。西蒙指出，这种理性的理解不符合现实，比如企业的现实决策并不计算边际成本和收益，而是采取满意原则；再如新古典经济学中对不完全竞争和不确定性的处理等均没有说服力，尽管通过信息成本的引入回避了这些问题，但新古典经济学仍然无法降低决策面对的复杂性。因此，西蒙提出了过程理性的概念，如果考虑行为的形成过程，那么除非在极为简单的环境下当事人会表现出新古典经济人的理性，而在绝大多数情况下当事人都是有限理性的。与西蒙相反，穆斯认为，人们对理性经济人的疑问实际上是新古典经济学的理性假定自身不足导致的。在他看来，当事人不仅能够面对现有的约束条件进行充分合理的计算，而且能够利用所能得到的信息对未来的可能事件进行合理预测。结果，通过理性预期的构造，穆斯把新古典理性经济学推向了不确定环境。经过卢卡斯和萨金特等人的努力，理性预期成为西方主流经济学建模的基石，并由此复活了新古典经济学。

市 场 失 灵

1956 年，美国麻省理工学院经济学家弗朗西斯·巴托在《市场失灵的剖析》一文中提出市场失灵的概念，市场失灵的原因包括垄断、外部性、公共物品和不完全信息等因素。市场失灵和公共物品概念的提出标志着市场万能理论在经济学专业学术界不再被人认可，这也是微观经济学摆脱自由主义思想的一个重大胜利。

索洛模型、全要素生产率与索洛剩余

1956 年，索洛和斯旺在发表的《经济增长的一个理论》《经济增长与资本积累》等论文中提出新古典增长模型，也被称为"索洛模型"。该模型表明，技术进步是外生的，但劳动力能从技术进步中获益，最终提高生产率，促进经济增长，国家若要长期增长，最终取决于外生的技术进步。所谓综合要素生产率，是指同样数量规模的劳动和资本投入因人力资本投资和技术进步而导致的产出增加。这个概念用于描述包括资本、劳动和土地等有形生产要素之外，也包括由技术进步、组织创新、专业化和生产创新等带来的生产效率。提高全要素生产率的途径包括技术进步、体制优化、组织管理改善等，也可以通过生产要素的重新组合实现配置效率的提高。

"索洛剩余"，也称"索洛残差"，是指不能为投入要素变化所解释的经济增长率。具体而言，"索洛剩余"是指在剥离资本和劳动对经济增长贡献后的剩余部分，对全要素生产率的一种衡量。索洛是萨缪尔森在麻省理工学院的同事；在哈佛大学读博士期间，也是汉森在哈佛大学财政政策研讨班的成员，但他的论文导师是里昂惕夫。索洛是彼得·戴蒙德、乔治·阿克洛夫、约瑟夫·斯蒂格利茨和威廉·诺德豪斯的论文导师。

适应性预期

1956 年，美国经济学家菲利普·卡甘提出适应性预期的概念。适应性预期是运用某经济变量的过去记录预测未来，在经济学中是指人们对未来会发生的预期是基于过去（历史）的。例如，如果过去的通货膨胀是高的，那么人们就会预期它在将来仍然会高。就在弗里德曼、施瓦兹两人写作《1867—1960 年的美国货币史》一书的同时，菲利普·卡甘系统地研究了美国 85 年中货币存量的主要决定因素，并于 1965 年出版了专著《1875—1960 年美国货币存量变化的决定及其影响》，这一研究成果是对近一百年来美国货币供给量决定因素最全面、最深入的分析。卡甘的另一项成就是，曾界定超速通货膨胀的物价上涨速度为月 50% 以上，在超速通货膨胀中，货币不仅会失去作为价值储藏的功能，而且部分失去了交换媒介的功能。

货币数量论的重新表述

1956 年，弗里德曼发表重要论文《货币数量论——一种重新表述》，奠定了后来货币主义的理论基础。弗里德曼论述了四个方面的重要问题。第一，货币需求不是剑桥现金余额方程中收入的一个固定比例，相反，它是所有相关变量的一个函数，这些变量包括偏好、交易技术、所有资产（包括耐用品）的回报率、财富和名义收入；第二，货币需求是按实际量确定的效用最大化选择方案的结果；第三，货币需求是货币流通速度在函数上的一种转换，货币需求与名义收入的比例决定着货币流通速度；第四，货币需求函数呈稳定状态，但并不意味着货币需求是固定不变的，因为货币需求不会反复发生剧变。弗里德曼的货币数量论本质上是建立在其"恒久性收入"假说基础上的，是对其收入理论的一种延伸研究。弗里德曼认为，永久性收入是决定货币需求的主要因素，货币需求对利率不敏感，永久性收入的稳定促使货币需求的稳定。

非　均　衡

1956 年，帕廷金在《货币、利息与价格》一书中论述了非自愿失业的"非均衡"现象，认为非自愿失业的形成是由于厂商在商品市场上面临有效需求的数量约束，并不是实际工资过高，进而提出商品市场超额供给对劳动市场的"溢出效应"。帕廷金成为非均衡学派的先驱人物。帕廷金是兰格的学生，1947 年获芝加哥大学博士学位。

消费函数理论

1957 年，美国经济学家弗里德曼在《消费函数理论》中引入人力资本概念和恒久性收入概念，论述了在长时期内，持久消费是持久收入的一个常数比例的问题。弗里德曼认为，消费行为不是由偶然所得的暂时性收入决定的，而取决于永久性收入，即过去的储蓄、当下的收入以及未来的预期。恒久性收入，指一个人各年收入的加权平均数，主要区别于凯恩斯学说中的收入。后来，理性预期学派的小罗伯特·卢卡斯在弗里德曼研究的基础上作了补充，认为人是在预期边际上做选择的——消费还是储蓄（投资），当投资边际倾向递减时，消费边际倾向自然会增加，但卢卡斯的解释也未必正确。投资与储蓄具有替代效应，投资倾向递减时，可能是储蓄倾向的增加，而未必是消费倾向的增加。消费的稳定是以投资和储蓄的不稳定为基础的，投资和储蓄具有替代效应。

有 益 品

1957 年，马斯格雷夫在《预算决定的多重理论》中提出有益品的概念。有益品，是指对消费者有益但由于消费者的无知而消费不足的物品。教育是一种有益品，国家必须促进这种有益品的消费。因为个人或家庭可能忽视教育的福利，或不理解教育的价值，或难以预见教育投资决策的意义，因而不愿意投资教育。但政府比个人或家庭拥有更多的信息，比个人更能理解教育投资的意义，因此更能洞察未来，在投资教育上的决策贫困也就更明智。马斯格雷夫的理论说明人类面对对自己有益的事情经常是无知的。马斯格雷夫是汉森财政政策研讨班的成员，也是汉森财政政策研讨班比较有名的学生中唯一留在哈佛大学的。他最有名的学生是马丁·费尔德斯坦。

贫困的恶行循环

1957 年，纲纳·缪达尔在《经济理论与不发达地区》中提出地区或国家间贫困的恶性循环论。他是瑞典学派的代表人物，斯德哥尔摩大学教授，卡塞尔的继承人。1976 年，缪达尔与哈耶克一起获得诺贝尔经济学奖。

生产者主权

1958 年，哈佛大学新制度学派经济学家加尔布雷思出版《消费者主权神话》，提出生产者主权的概念。生产者主权是指生产者决定生产什么产品并控制价格，消费者要根据生产者的意志购买和消费。加尔布雷思认为，在现代资本主义社会，生产者设计和生产产品，并控制着产品销售价格，然后通过庞大的广告、通信网络和推销机构对消费者进行"劝说"；现代大公司还对政府进行游说，以左右政府的采购决策。这就是生产者主权论的主要内容。生产者主权与消费者主权概念相对，消费者主权概念为奥地利学派所推崇。

公 共 贫 困

1958 年，加尔布雷思出版《丰裕社会》，揭示了当时美国私人富足与公共贫困共存的社会现象。本书受到民主党的高度重视，直接催生美国后来的"伟大社会"建设计划。"伟大社会"是指 1964 年美国总统林登·约翰逊发表演说宣称："美国不仅有机会走向一个富裕和强大的社会，而且有机会走向一个伟大的社会。"加尔布雷思既是美国总统约翰逊的顾问，也是《伟大社会》演讲稿的起草人。美国制度学派虽然不是经济学的主流，但却多次影响美国的政治进程，而且制度学派的经济学家在他们生活的年代也都具有非凡的社会影响力。

不平衡增长、极化效应与涓滴效应

1958 年，美国经济学家赫希曼在《经济发展战略》中提出了不平衡增长理论，主张发展中国家应集中有限资源先发展一部分产业，而后再以此带动其他产业的发展。赫希曼还提出了极化效应和涓滴效应，并指出在经济发展的初级阶段极化效应占主导地位，从长期看涓滴效应将会缩小区域经济差距。赫希曼在伦敦政治经济学院学习期间，有机会听了当时声名显赫的罗宾斯和哈耶

克的课，还结识了凯恩斯、勒纳、斯拉法等学者。涓滴效应成为
20 世纪 80 年代里根新自由主义改革的理论依据之一，也是斯蒂
格利茨等学者在进行"不平等"研究时的重要批判对象。赫希曼
还在书中提出了赫希曼基准，又称关联效应标准，具体是指某一
产业的经济活动能够通过产业之间相互关联的活动效应影响其他
产业的经济活动，其实质是根据产业关联度——产业之间相互联
系和彼此依赖程度的大小——选择需要重点扶持的产业。赫希曼
晚年出版《反动的修辞》一书反对他的老师哈耶克。

菲利普斯曲线

　　1958 年，新西兰经济学家菲利普斯发表论文《1861—1957 年
英国失业率和货币工资变化率之间的关系》，萨缪尔森与索洛将其
改造为通货膨胀与失业交替关系的曲线，改造后的菲利普斯曲线表
明，当通货膨胀率高时，失业率低；当通货膨胀率低时，失业率
高。菲利普斯曲线是实证研究的结果，可惜被歪曲为一种经济增长
理论。菲利普斯也是凯恩斯学派的一员，他曾就读于伦敦政治经济
学院，受到凯恩斯的弟子米德欣赏而留校任教并攻读博士，后凭借
菲利普斯曲线的论文晋升为教授。菲利普斯曲线在宏观经济学历史
上影响巨大，菲利普斯曲线的演变史在一定程度上就是宏观经济学
的演变史。众多诺贝尔经济学奖获得者的研究都与菲利普斯曲线有
关，如 1970 年的萨缪尔森、1976 年的弗里德曼、1995 年的卢卡
斯、2006 年的菲尔普斯。二战时，菲利普斯曾在中国做过日本战
俘，学习过汉语，晚年在澳大利亚国立大学成立了当代中国研究中

心。笔者后来提出的内生性与外生性通货膨胀理论可以重塑菲利普斯曲线，因为内生通货膨胀是符合菲利普斯曲线的，外生通货膨胀则不符合，内生通货膨胀是经济增长带来的，外生通货膨胀与经济增长无关，而且是损害经济增长的。

产 权 理 论

1958年，科斯写了一篇名为《联邦通讯协议》的论文。他在这篇文章中明确指出，只要产权不明确，由外在性带来的公害是不可避免的，只有明确产权，才能消除或降低这种外在性所带来的伤害。这成为新制度经济学中产权理论研究的起点，明确产权其实消除的是"公地悲剧"，让"社会成本"转化为"私人成本"，但并不一定是外部性。外部性是很难消除的。

资产组合理论

1958年，托宾在《针对风险的流动性偏好行为》中对证券投资中的资产组合理论进行了系统阐述。托宾的资产组合理论表明，投机性货币需求与利率反方向变动，凯恩斯在提出并分析投机性货币需求时，所考虑的可选择资产主要是有风险的债券和无风险的货币。托宾基于此提出了资产选择理论，并指出为了逃避风险，人们将在安全资产、货币与风险资产、盈利性资产三者之间选择，根据各种资产的收益和风险的比较来确定其资产结构。最佳的资产结构应是该资产结构的边际收益等于边际成本（风险）。托宾从持币者（投资者）避免风险的动机引出投机性货币需求与利率的反函数关系，他的研究为他赢得了 1981 年的诺贝尔经济学奖。托宾是汉森哈佛大学财政政策研讨班的成员，也是埃德蒙德·菲尔普斯的论文导师，他另外比较有名的弟子为美联储主席耶伦。托宾于 1968—1969 年任耶鲁大学经济系主任，1970—1971 年任美国经济学会会长。

M-M 定理

1958 年，卡内基·梅隆大学的莫迪利安尼和米勒（简称"MM"）于 6 月发表于《美国经济评论》上的《资本结构、公司财务与资本》一文中阐述了 M-M 定理的基本思想。该理论认为，在不考虑公司所得税且企业经营风险相同而只有资本结构不同时，公司的市场价值与公司的资本结构无关。或者说，当公司的债务比率由零增加到 100% 时，企业的资本总成本及总价值不会发生任何变动，即企业价值与企业是否负债无关，不存在最佳资本结构问题。修正的 M-M 理论（含税条件下的资本结构理论），是 MM 于 1963 年共同发表的另一篇与资本结构有关的论文中的基本思想。他们发现，在考虑公司所得税的情况下，由于负债的利息是免税支出，可以降低综合资本成本，增加企业的价值。因此，公司只要不断增加财务杠杆利益，并不断降低其资本成本，负债越多，杠杆作用就越明显，公司价值就越大。当债务资本在资本结构中趋近 100% 时，就会达到最佳的资本结构，此时企业价值达到最大。最初的 M-M 理论和修正的 M-M 理论是资本结构理论中关于债务配置的两个极端看法。1990年，米勒因公司财务理论获得诺贝尔经济学奖。他解释自己的研究道："我证明了把一美元从一个口袋放进另一个口袋，你的财富不会发生任何改变。"后来莫迪利安尼去了麻省理工学院，并成为新古典凯恩斯学派的重要一员；米勒去了芝加哥大学，成为芝加哥金融学的开山人物。1976年，米勒还担任美国金融学会会长，现代金融学实际上是从1950年左右开始的。

产业组织理论

1959年，美国经济学家贝恩出版《产业组织》一书，标志着现代产业组织理论的建立。产业组织一词源于马歇尔。《产业组织》出版，标志着哈佛学派正式形成。哈佛大学的梅森教授和其弟子贝恩是哈佛学派的代表人物。在继承张伯伦等人垄断竞争理论的基础上，梅森提出了产业组织的理论体系和研究方向。在第一次世界大战后到第二次世界大战前，梅森发展了传统的"市场结构—企业行为—经济成果"模式（structure-conduct-performance，SCP模式），使之成为产业经济学内容的框架。产业组织理论是经济学中唯一冠名哈佛的理论，也是哈佛大学少有的土生土长的理论。哈佛学派认为，市场结构、市场行为和市场绩效之间存在一种单向的因果联系，即集中度的高低决定了企业的市场行为方式，而后者又决定了企业市场绩效的好坏。哈佛大学的产业组织研究源于张伯伦。20世纪30年代后期，张伯伦和梅森首先在哈佛大学开设了产业组织课程。1938年，梅森建立了一个包括贝恩、凯森、麦克在内的产业组织研究小组。该小组以深入的个案研究为手段，分析若干行业的市场结构，开始对市场竞争过程的组织结构、竞争行为方式和市场竞争结果进行经验性研究。产业组织理论学者认识到市场机制并不总是有效率的。当市场失灵时，就需要由政府实施一定的干预措施。研究产业组织的兴趣源于人们了解、认识大企业或企业联盟行为对产品价格等因素的影响。

随机漫步理论

1959 年，奥斯本提出了随机漫步理论，认为股票交易中买方与卖方同样聪明机智，现今的股价已基本反映了供求关系。股票价格的变化类似于化学中的分子"布朗运动"，具有随机漫步的特点，其变动路径没有任何规律可循。因此，股价波动是不可预测的，根据技术图表预知未来股价走势的说法，实际上是一派胡言。

斯拉法体系

1960 年，斯拉法出版仅 99 页的小册子《用商品生产商品》，开创了一个把斯密、李嘉图和马克思结合为一体的"古典结构"。这种结构复兴了英国古典经济学"剩余产品"的分析范式，以至于人们今天干脆把古典经济学称为"斯拉法体系"。

经济发展阶段理论

1960 年，美国经济学家沃尔特·罗斯托出版《经济成长的阶段》，成为经济现代化经典理论的代表作。该理论试图取代马克思主义关于人类社会发展的五个阶段的主张，即将人类社会的发展分为原始社会、奴隶社会、封建社会、资本主义社会、社会主义社会和共产主义社会六个阶段。他提出的六个阶段理论，第一阶段为"传统社会"，这个阶段不存在现代科学技术，主要依靠手工劳动，农业居于首位；第二阶段为"起飞"创造前提的阶段，即从传统社会向"起飞"阶段过渡的时期，近代科学知识开始在工业、农业中发生作用；第三阶段为"起飞"阶段，即经济史上的产业革命的早期，即工业化开始阶段，新的技术在工业、农业中得到推广和应用，投资率显著上升，工业中主导部门迅速增长，农业劳动生产率空前提高；第四阶段为向"成熟"发展的阶段，现代科学技术得到普遍推广和应用，经济持续增长，投资扩大，新工业部门迅速发展，国际贸易迅速增加。一般从"起飞"到"成熟"阶段，大约要经过 60 年；第五阶段为"高额群众消费"阶段，主导部门转到耐用消费品生产方面；第六阶段为"追求生活质量"阶段，主导部门是服务业与环境改造事业。罗斯托在《政治与增长阶段》（1971）一书中，又提出了新的第六阶段，认为"起飞"和"追求生活质量"是两个关键性阶段。

科 斯 定 理

1960 年，科斯在《社会成本问题》一文中引出科斯定理。科斯认为，经济的外部性或者说非效率可以通过当事人的谈判而得到纠正，从而达到社会效益最大化。也有人演绎为"只要财产权是明确的，并且交易成本为零或者很小，那么，无论在开始时将财产权赋予谁，市场均衡的最终结果都是有效率的，实现资源配置的帕累托最优"。这既不符合实际，也歪曲了科斯的意思。科斯定律成为社会主义国家国有企业私有化的理论依据。科斯本人是反对科斯定理的，他曾抱怨道："我的论点是说明将正的交易成本引入经济分析的必要，从而使我们得以研究现实的世界。但这并不是我的文章的效果。各种杂志上充斥的是关于交易成本为零的科斯定理的讨论。"

机制设计理论

1960 年，赫维茨发表论文《资源配置中的最优化与信息效率》，提出机制设计理论，研究在自由选择、自愿交换、信息不完全及决策分散化的条件下，能否设计一套机制（规则或制度）来达到既定目标的理论。赫维茨在伦敦政治经济学院时旁观了关于社会主义经济核算大论战的全过程，这次争论也触发了其对于建立一个具有足够一般性和包容性的、能够将自由市场机制和中央集中计划机制作为特例而又都能涵盖在内的具有一定宽度的经济机制设计理论的灵感和雄心。在芝加哥大学时，他曾担任兰格的助手。2007 年，赫维茨、马斯金、迈尔森三位经济学家共同获得诺贝尔经济学奖，以表彰他们在创建和发展机制设计理论方面所作的贡献。瑞典皇家科学院发表的一项声明说，机制设计理论最早由赫维茨提出，马斯金和迈尔森则进一步发展了这一理论，后两人都是阿罗在哈佛大学的学生。迈尔森机制设计的案例是，20世纪80年代，他用机制设计理论，运用博弈论为加州电力改革设计方案。迈尔森还解决了美国医学院的招生难题。迈尔森对现实经济的贡献让美国经济学家感叹：可以因此创立一门"经济工程学"，把经济学变得同工程学一样实用，一样可以设计经济现象。机制设计理论可以看作博弈论和社会选择理论的综合运用，简单地说，机制设计就是考虑构造什么样的博弈形式，使得这个博弈实现社会目标，或者说落在社会目标集合里，或者无限接近于它。所有信息经济学成果都可以在机制设计的框架中处理。机制设计最值得关注的特征有两个：信息和激励。机制的运行总是伴随着信息的传递，信号空间的维度成为影响机制运行成本的一个重要因素。所谓信息问题就是要求机制的信号空间的维度越小越好，当然必要时还须考虑信息的复杂性。而激励问题就是我们通常说的激励相容，这是赫维茨1972年提出的重要概念。已有多人因在机制设计、市场设计、拍卖设计等领域的研究成果获得诺贝尔经济学奖。

特里芬难题

1960年，美国经济学家罗伯特·特里芬发表《黄金与美元危机——自由兑换的未来》，提出特里芬难题。特里芬难题，是指"由于美元与黄金挂钩，而其他国家的货币与美元挂钩，美元虽然取得了国际核心货币的地位，但是各国为了发展国际贸易，必须用美元作为结算与储备货币，这样就会导致流出美国的货币在海外不断沉淀，对美国国际收支来说就会引发长期逆差；而美元作为国际货币核心的前提是必须保持美元币值稳定，这又要求美国必须是一个国际贸易收支长期顺差国。这两个要求互相矛盾，因此是一个悖论。美联储若不大量发行美元，就无法弥补美国庞大的贸易赤字和对外投资，但如果大量发行，各国就会失去对这种货币的信任。

新古典综合派

1961 年，萨缪尔森在《经济学》第五版中将自己的理论体系称为新古典综合学派，即将凯恩斯主义经济学进行均衡化改造形成的经济学，也被新剑桥学派称为"冒牌的凯恩斯主义"。

第五章

货币革命与新自由主义时代的陆续到来

　　20 世纪六七十年代是新自由主义经济学开始全面泛滥的时代，其理论以宏观经济学为主，但又不限于宏观经济学。芝加哥大学的弗里德曼、卢卡斯、斯蒂格勒、布坎南等是主要代表人物，其中弗里德曼的影响力主要在 60 年代，卢卡斯的影响力主要在 70 年代，到了 80 年代以卢卡斯的弟子为主。

　　弗里德曼原是美国制度学派的弟子。他的本科老师伯恩斯是美国制度学派领军人物米切尔的弟子，他自己也是在哥伦比亚大学接受制度学派的教育，帮他取得核心经济成就的美国国家经济研究局也是制度学派的大本营，弗里德曼一直坚持的实证研究法也是传承自德国历史学派和美国制度学派的研究方法，因此，弗里德曼从本质上属于制度学派。博士毕业后，弗里德曼先是在制度学派弟子库兹涅茨的指导下提出了恒久性收入假说，后来他又将这个学说与传统的货币数量论相结合，并仿照凯恩斯的货币需求理论提出了自己的货币需求理论。这时的弗里德曼并没有完全反对凯恩斯主义，更多是与凯恩斯主义一脉相承，真正让弗里德曼彻底走向凯恩斯对立面的是《美国货币史》的写作，这也是他的老师伯恩斯交给他的任务。因为从实证角度研究经济周期一直是美国制度学派的传统，而这个研究也改变了弗里德曼的命运，让弗里德曼彻底走出了凯恩斯学派和制度学派的阴影，形成了自己独立的经济学主张，也就是后来的货币主义。货币主义就是一种从货币数量角度解释大萧条的经济学，弗里德曼还提出了的货币管理规则——单一规则。20世纪70年代正是弗里德曼的老师伯恩斯担任美联储主席的时候，伯恩斯实践了弗里德曼的单一规则，但最终失败。

其实，弗里德曼的自由主义经济大师形象并非得自其货币理论，而是他出版的两本通俗读物——《资本主义与自由》和《自由选择》，那些热心与炒作弗里德曼的人可能绝大部分都不知道"单一规则"和"最优货币量"为何物，更不会相信"直升机撒钱"这样的理论才是弗里德曼的真实主张。弗里德曼从一位早期的制度学派和凯恩斯学派的信奉者转向新自由主义，这与他的妻兄亚伦关系很大。此人痴迷于哈耶克，曾协助哈耶克在美国出版《通往奴役之路》，也曾邀请哈耶克到芝加哥大学任教，并带领弗里德曼参与哈耶克发起的朝圣山学社的活动，这对弗里德曼影响很大。如果弗里德曼一直留在制度学派的朋友圈中就不可能会有这么大的转变。弗里德曼的单一规则虽然失败，但"直升机撒钱"主张却被伯南克变成了"量化宽松"，至今仍在实践。笔者将在后面说明这一主张存在的问题。

20世纪70年代后，新自由主义者获得了新的理论武器——"理性预期"的研发方法。宏观经济学的预期研究始于凯恩斯，弗里德曼利用附加"适应性预期"研究菲利普斯曲线，得出了通货膨胀和失业之间不存在长期且稳定的关系而只会短期相互替代的结论，而卢卡斯则借用源于卡内基·梅隆大学兴起的"理性预期"概念，彻底推翻了基于菲利普斯曲线的宏观经济主张，这对当时以萨缪尔森和索洛为代表的凯恩斯主义者的打击是致命的，因为这不仅是一种新的主张，更是一种新的研究范式。后来人们沿着这种范式继续研究，最终在"真实经济周期"理论中，新古典宏观经济学走向巅峰。这个理论认为，经济不存在周期，经济从未偏离均衡，只是均衡点在不断移动。这个理论让其占据宏观经济学的主流至今，也让凯恩斯学派苦心经营的宏观经济学彻底退回到了新古典主义。

新自由主义经济学中的另一大分支是供给学派，这是被里根实践过的学派，但供给学派提出的主张则源于凯恩斯学派的实践。供给学派的核心人物也都是凯恩斯学派的弟子，其核心人物蒙代尔在伦敦政治经济学院攻读硕士期间的导师是凯恩斯的弟子米德，在麻省理工学院攻读博士时是萨缪尔森的学生；另一代表人物拉弗则是蒙代尔的学生，他们两人主张减税，被认为是极端供给学派。此外还有温和供给学派，代表人物是费尔德斯坦，此人是马斯格雷夫的学生，而马斯格雷夫又是汉森的学生，这些都属于凯恩斯学派。最早主张减税政策的其实也是凯恩斯学派。肯尼迪—约翰逊减税则直接来自肯尼迪的老师萨缪尔森的建议，而蒙代尔提出减税也是以20世纪60年代肯尼迪政府实践萨缪尔森的建议走向成功为依托。因此，供给学派最初的称号是供给侧的财政主义，但减税毕竟不是凯恩斯学派的核心主张，因此，后来凯恩斯学派的萨缪尔森、奥肯等都不认可减税。他们认为他们实践的减税是为了增加企业投资，而非为富人削减个人所得税。此后，供给学派变成了独立的学派。其实凯恩斯学派的成员转化为供给学派并不意外，因为凯恩斯经济学本身就不是一个完善的思想体系，凯恩斯本人在提出自己的主张时，也并没有完全否定减税等其他主张，因此，笔者认为凯恩斯的一只脚踏进了自己的逻辑里，另一只脚还留在别人的逻辑里。

公共选择学派也是新自由经济学中的重要一支，布坎南的公共选择理论、戈登·图洛克的寻租理论、斯蒂格勒的规制俘获理论、奥尔森的利益集团理论都是促使政府减少管制的理由。其中布坎南的公共选择理论受启发于瑞典学派维克塞尔，奥尔森的集体行动理论则来源于康芒斯的研究。这两位的思想并非完全归属于自由主义，布坎南批评的不是所有政府体制，而是西方国家独特的多党制体制，更像是一种左派理论，同样奥尔森的利益集团理论也是如此。但斯蒂格勒的规制俘获理论则是彻底自由主义的，斯蒂格勒梳理并命名的"科斯定理"也是自由主义的。科斯定理变成了强调产权改革的学问，成了新自由主义中的重要一支，极大影响了社会主义国家的改革，而一直怀有社会主义情结的科斯则反对斯蒂格勒对科斯定理的解读。

在金融学领域，自由主义思潮泛滥，其中比较有代表性的有法玛的有效市场理论、麦金农的金融自由化理论等。社会主义国家出现了科尔奈的预算软约束理论，他也迅速被捧为明星学者，甚至被请到哈佛大学任教，并被安排为众多来自中国等社会主义国家青年学子的博士生导师。

新自由主义泛滥对发达国家影响比较小，受影响的主要是社会主义国家。西方国家通过资助学者、培养留学生等方式将这些思想输入社会主义国家。新自由主义思潮的泛滥是造成苏联解体和社会主义退潮的主要因素之一。弗里德曼、科斯、科尔奈、哈耶克等一时成为社会主义国家自由主义学者的精神导师。

新自由主义时代凯恩斯阵营也出现了不少"叛徒",比如伯南克和巴罗。伯南克师从麻省理工学院的费希尔,后来叛逃到了货币学派,成为弗里德曼货币主张的坚定实践者。巴罗开始属于凯恩斯学派中非均衡经济学研究分支,但后来叛逃到了理性预期学派,成为理性预期学派的重要一员。

理 性 预 期

1961 年,卡内基·梅隆大学的约翰·穆斯最早在一篇题为《理性预期和价格变动理论》的文章中提出"理性预期"的概念。20 世纪 70 年代,同在卡内基·梅隆大学的卢卡斯和明尼苏达大学萨金特、华莱士等人将"理性预期"概念用于货币政策分析,作出了进一步发展,并逐渐形成理性预期学派。理性预期学派认为,消费者和企业不仅是宏观经济政策调节的对象,而且以自己的理性预期行为积极影响宏观经济政策的制定。他们对宏观政策的反应,影响着政策的效果。约翰·穆斯 1930 年出生于美国芝加哥,1962 年在卡内基·梅隆大学取得哲学博士学位,曾在美国卡内基·梅隆大学、密西根大学、印第安纳大学任教。

最优货币区理论

1961 年,29 岁的罗伯特·蒙代尔发表论文《最优货币区理论》,主张经济交往密切的国家和地区通过固定汇率或者统一货币的形式建立货币区，以抵消浮动汇率不确定性的负面影响，欧元区的建立就是该理论的最佳实践案例。罗伯特·蒙代尔研究生就读于伦敦政治经济学院，师从凯恩斯的弟子米德，博士生就读于麻省理工学院，师从萨缪尔森，但他的学术受米德影响较大，他本人对萨缪尔森评价不高，认为萨缪尔森缺乏全面的经济思想。蒙代尔于1999 年获得诺贝尔经济学奖。

信息经济学与信息不对称

1961 年，美国经济学家乔治·斯蒂格勒在美国《政治经济学杂志》上发表论文《信息经济学》，将"信息经济学"作为正式的学科概念提出。他指出，某一买者要购买时，总要询问许多卖者以确定最合适的价格，这样的现象叫作搜寻。信息不对称和价格的离散性是搜寻的前提，搜寻理论后来主要用于分析劳动力市场，成为劳动经济学的主流理论。信息经济学后来出现了信息不对称理论、委托代理理论、内生信号理论、拍卖理论等分支。乔治·斯蒂格勒与弗里德曼一样，是芝加哥学派的领军人物，他的自由主义思想主要体现在规制经济学的研究中。1982 年，乔治·斯蒂格勒因其对产业结构、市场功能以及公共领域管制的相关研究而获得诺贝尔经济学奖。

资本积累的黄金法则

1961 年，美国经济学家菲尔普斯提出资本积累的黄金律水平，又称资本积累的黄金法则。菲尔普斯指出资本积累存在一个最优水平，如果一个社会储蓄率过高，就会导致人们的长期福利降低，经济增长的目的不是产出的不断扩张，而是人民生活水平的不断提高，这是基于索洛经济增长的动态最优化提出的理论。菲尔普斯于1959 年获得耶鲁大学经济学博士学位，师从诺贝尔经济学奖得主詹姆斯·托宾。2006 年，菲尔普斯获得诺贝尔经济学奖，他也是新凯恩斯学派的代表人物，是自然失业率概念的提出者之一。晚年的菲尔普斯一直关注大众创新，但并没有提炼出有影响力的理论。

公认价值与私人价值

1961 年，哥伦比亚大学的威廉·维克里发表《反投机、拍卖与竞争性密封投标》，文中第一次运用博弈论探讨拍卖中的一些关键问题，这篇论文堪称拍卖理论的开山之作，开辟了经济学研究拍卖的先河。该理论指出，拍卖品有两种价值：一种是"公认价值"，比如梵·高的画能拍几个亿，因为这是大部分买家都愿意接受的价格；一种是"私人价值"，因为拍卖品对每一个人的价值都不一样，一个喜欢梵·高的客户出价常常比市场价高，高出的那一部分就是"私人价值"。"私人价值"是拍卖的基础，一件商品如果只有"公认价值"，就好比普通的 100 元纸币，根本不需要拍卖。威廉·维克里的硕士、博士学位都在哥伦比亚大学获得，长期担任哥伦比亚大学教授，曾担任系主任、美国国家经济研究局局长等。维克里创立了第二价格拍卖法。维克里在公用事业与运输的最优定价理论方面也作出了重大贡献，研究范围包括反应性标价、城市的拥挤情况收费、模拟期货市场、通货膨胀对效用调节和计价收费方法的影响等方面。他还曾参加美国和其他国家有关城市交通路线快速运转所需运费结构的研究工作，分析了交通拥挤现象和高峰负荷效应。他极力主张根据交通工具使用时间的拥挤程度来定价，甚至建议采取工程学的方法解决城市汽车使用的监控和通行税的征税问题。维克里研究的虽然多为具体的市场机制，但其研究对于人们认识更为一般的市场机制、建立市场微观结构的一般理论具有重大意义。诺贝尔经济学奖也是对其理论的一种承认与肯定。

此外，他还研究提出了著名的维克里投标法，其规则基本上与传统投标相同，唯一不同点是赢标者的支付价格不再是他所出的标，而是第二高标，故又称"次高价投标法"。奇妙的是，若采用这种投标法，投标者的最好投标策略，就是依照自己对标的物的评价据实出标。而其好处是方便投标者，即投标者在决定其出标时，只要评估自己的需求，而不需要费力去搜集与评估每一个竞争对手的需求，所以大大减少了投标者的准备工作。维克里对投标与喊价的研究，催生了许多相关研究，让我们更了解诸如保险市场、信用市场、厂商的内部组织、工资结构、租税制度、社会保险、政治机构等问题。

20 世纪 70 年代后期，一批中青年经济学家继承了维克里的研究框架和方法，将拍卖理论引向深入。2020 年诺贝尔经济学奖得主保罗·米尔格罗姆成了他们中的一员，维克里是米尔格罗姆走上经济研究的引路人。1996 年，82 岁的维克里获得诺贝尔经济学奖，但在得奖三天后去世。彼时的米尔格罗姆代替维克里领了奖，参加了晚宴。维克里获得诺贝尔经济学奖是其关于最优税制问题的研究，而非拍卖，但无论是最优税制问题还是拍卖问题，最终都是解决信息不对称问题。维克里本科时是费雪的学生。基于拍卖理论，2007年诺贝尔经济学奖得主罗杰·迈尔森通过严格的数学推导推广了维克里的理论，成为后期这一领域研究的重要基础。米尔格罗姆与2007年诺贝尔经济学奖得主罗杰·迈尔森曾经是西北大学的同事。

经济一体化

1961年，美国经济学家贝拉·巴拉萨在《经济一体化理论》一书中对"经济一体化"作了明确的阐述："我们将经济一体化定义为既是一个过程，又是一种状态。就过程而言，它包括采取种种措施消除各国经济单位之间的歧视；就状态而言，则表现为各国间各种形式差别的消失。"巴拉萨的这一定义在西方经济学中具有典型意义。此后许多经济学家关于区域经济一体化的解释，基本都围绕"过程"和"状态"展开。

典型化事实

1961年，英国剑桥学派经济学家尼古拉斯·卡尔多在一篇论文中论述了"典型化事实"这一概念。典型化事实就是一种能够反映经济运行的真实状况和基本特征的具有代表性的关键性事实。典型事实，也有人译为"特征事实""特征化事实""程序化事实""常规事实""典型化特征"等。典型化事实是不太具体但性质上真实的广义上的概括。典型化事实是经济学中重要但可能不被注意的经验检验的结果，从典型事实出发进行经济学研究，后来成为经济学界一种标准的研究方法。

市 场 匹 配

1962 年，沙普利和盖尔发表《大学招生与婚姻的稳定性》一文，首次提出稳定婚姻问题，该问题后来成为研究"稳定匹配"的典型例子。沙普利师从冯·诺依曼，是合作博弈的代表人物。

干中学理论

1962 年，美国经济学家阿罗提出"干中学"模型，强调从事生产的人获得知识的过程内生于模型。他从普通的劳动与资本的科布-道格拉斯常规模型收益生产函数中推导出一个规模收益递增的生产函数。阿罗认为，人们是通过学习获得知识的，技术进步是知识的产物、学习的结果，而学习又是经验的不断总结，经验来自行动，经验的积累就体现于技术进步之上。

资本主义与自由

1962 年，弗里德曼出版《资本主义与自由》，介绍了弗里德曼的经济自由主义思想。他同时介绍了政治自由，以进一步讨论政治与经济自由二者之间的密切联系。

政策搭配理论

1962 年，蒙代尔在向国际货币基金组织提交的题为《恰当运用财政货币政策以实现内外稳定》的报告中，提出政策配合说，也称为政策搭配理论，主张以两种独立的政策工具实现内外两方面的经济目标。在固定汇率制下，只有把内部均衡目标分派给财政政策，外部均衡目标分派给货币政策，方能达到经济的全面均衡。依据这样的思路，有一个最佳政策配合的设计：①通货膨胀、国际收支盈余，包括紧缩性财政政策、扩张性货币政策；②失业、国际收支盈余，包括扩张性财政政策，扩张性货币政策；③通货膨胀、国际收支赤字，包括紧缩性财政政策，紧缩性货币政策；④失业、国际收支赤字，包括扩张性财政政策，紧缩性货币政策。

后 发 优 势

1962 年，美国经济史学家亚历山大·格申克龙在著作《经济落后的历史回顾》中提出后发优势理论，格申克龙提出了六个重要命题：

① 一个国家的经济越落后，其工业化的起步就越缺乏联系性，而呈现出一种由制造业的高速成长所致的突然的大突进进程；

② 一个国家的经济越落后，在其工业化进程中对大工厂和大企业的强调越明显；

③ 一个国家的经济越落后，就越强调生产资料而非消费资料

的生产；

④ 一个国家的经济越落后，人们消费水平受到的压力就越沉重；

⑤ 一个国家的经济越落后，其工业化所需资本的动员和筹措越带有集权化和强制性特征；

⑥ 一个国家的经济越落后，其工业化中农业就越不能对工业提供市场支持，农业越受到抑制，经济发展就越相对缓慢。

奥 肯 定 理

1962年，美国经济学家阿瑟·奥肯提出"奥肯定律"。奥肯定律描述了经济增长和失业率之间的关系。这一定律认为，GDP每增加1%，就业率大约上升0.5%。潜在GDP概念是奥肯首先提出的，也称充分就业GDP。潜在经济增长率是指一国（或地区）经济所生产的最大产品和劳务总量的增长率，或者说一国（或地区）在各种资源得到最优和充分配置条件下，所能达到的最大经济增长率。奥肯也是哈佛大学汉森教授财政政策研讨班的成员，是第二代凯恩斯经济学家的代表人物之一，曾经在肯尼迪政府时期实践过其理论。

蝴 蝶 效 应

1963年，美国气象学家爱德华·洛伦兹在一篇提交纽约科学院的论文中提出了"蝴蝶效应"。"一只海鸥扇动翅膀足以永远改变天气变化"。在以后的演讲和论文中他用了更加有诗意的蝴蝶。对于这个效应最常见的阐述是，"一只南美洲亚马逊河流域热带雨林中的蝴蝶，偶尔扇动几下翅膀，可以在两周以后引起美国得克萨斯州的一场龙卷风"。其原因就是微弱气流的产生会引起四周空气或其他系统产生相应的变化，由此引起连锁反应，最终导致其他系统的极大变化。后来泛指一个不起眼的小动作却能引起一连串的巨大反应。

道德风险与逆向选择

1963 年，美国斯坦福大学经济学家阿罗在《美国经济评论》上发表论文《不确定性和医疗保健的福利经济学》，首次引入道德风险和逆向选择两个重要概念。道德风险，是在信息不对称条件下，不确定的经济行为主体不承担其行动的全部后果，在最大化自身效用的同时，做出不利于他人行动的现象。阿罗把道德风险定义为机会主义的行为。逆向选择，指的是市场交易的一方如果能够利用多于另一方的信息使自己受益而对方受损时，信息劣势的一方便难以顺利地做出买卖决策，于是价格便随之扭曲，并失去了平衡供求、促成交易的作用，进而导致市场效率的降低。

单 一 规 则

1963 年，弗里德曼出版《1867—1960 年美国货币史》，提出政府应该保持定量的货币发行规模，施行单一稳定的货币政策，即单一规则。根据美国近百年的货币资料的实证研究，他指出，美国的年平均经济增长率为 3%，就业的年平均增长率为 1%～2%，若货币供应量不增加，工资水平的增长率计算会下降 1%～2%，再加上 3% 的年经济增长率作用，物价将下跌 4%～5%，最终会导致通货紧缩，消费降低。但若货币过多又会带来物价上涨，导致通货膨胀和经济混乱。因此，如果美国的货币供应量以每年 4%～5% 的速度稳定增长，就有望保持一个比较稳定的物价水平，避免经济波动。这项工作最初是受国家经济研究局委托进行的。亚瑟·伯恩斯在取代韦斯利·米切尔出任国家经济研究局主席后，曾委托弗里德曼研究经济活动中的货币因素，尤其是商业周期中的货币因素。亚瑟·伯恩斯是弗里德曼在罗格斯大学就读本科时的老师，弗里德曼经常参加伯恩斯的经济学研讨班，格林斯潘在哥伦比亚大学求学时，也师从亚瑟·伯恩斯。

蒙代尔-弗莱明模型

1962 年和 1963 年，同在国际货币基金组织工作的蒙代尔和英国经济学家马库斯·弗莱明分别发表论文，讨论了在不同汇率制度下货币和财政政策的运用问题，该理论后来被称为"蒙代尔-弗莱明模型"。其主要特点是在凯恩斯 IS-LM 分析框架下，引入货币因素和动态性，在开放经济条件下，分析宏观政策的选择。1976 年，"蒙代尔-弗莱明模型"第一次出现在著名经济学家鲁迪格·多恩布什发表的题为《预期和汇率动态学》的论文中，并通过其畅销教科书（与斯坦利·费希尔合著）使之流行。蒙代尔是就读于芝加哥大学的多恩布什的博士论文委员会成员之一。蒙代尔的老师米德最先尝试将货币因素嵌入凯恩斯理论分析框架，并取得了重要的理论突破。多恩布什最有名的弟子是克鲁格曼。国际经济学的完善先后经历了米德、蒙代尔、多恩布什、克鲁格曼师徒四代人的努力。

蒙代尔不可能三角

1963 年，美国货币金融学家蒙代尔发表《资本流动与固定汇率和浮动汇率下的稳定政策》，提出了著名的"不可能的三角定律"，又称"三元悖论"，从而全面揭示了宏观经济的内在冲突。他认为，"对于任何一个国家来说，资本账户自由化、固定汇率制以及自主的货币政策是不相容的，即三者不可兼得。如果一国已经实现资本账户自由化，那么它若要保持货币政策的自主性，就必须实行浮动汇率制；若要采用固定汇率制，就必须放弃自主的货币政策"。蒙代尔的观点是对其伦敦政治经济学院老师米德教授"米德冲突"理论的发展。蒙代尔的导师里，包括至少四位诺贝尔经济学奖得主——萨缪尔森、阿罗、米德和索洛。他曾说："我从萨缪尔森那里学习动态经济学，从萨缪尔森和阿罗那里学习一般均衡理论，从米德那里学习国际经济学。"

金融不稳定假说

1963 年，美国经济学家明斯基发表论文《"它"能再来吗?》，开始关注金融问题。1974 年，他首次提出"金融不稳定假说"。明斯基认为，经济波动下降将允许企业和家庭获得更多贷款以进行投资，过度杠杆率无法通过更加乐观的情绪来维持，会产生投机的陶醉感，于是，此后不久，当债务超过了债务人收入所能偿还的金额时，金融危机就发生了。金融市场的脆弱性与投机性投资泡沫内生于金融市场，是经济周期不可或缺的组成部分，他将金融危机分为三个阶段：第一阶段，投资者们负担少量负债，偿还其资本与利息支出均无问题，这一阶段称为对冲性融资；第二阶段，他们扩展其金融规模，以致只能负担利息支出，这一阶段称为投机性融资；第三阶段，即庞氏骗局，他们的债务水平要求价格水平不断上涨，才能安然度日，也称为庞氏融资。明斯基时刻是指市场繁荣与衰退之间的转折点。明斯基是熊彼特的学生，但受凯恩斯影响比较大，他本人也以凯恩斯主义者自居。他在 1975 年出版了一本诠释《通论》的书，书名是凯恩斯的名字，后来与美国经济学家温特劳布等一起创建了美国的后凯恩斯学派。明斯基在这本书中明确指出，由于忽视了金融和不确定性，主流宏观经济学对《通论》的解释完全偏离了凯恩斯的本意。他自己则从凯恩斯的投资周期理论入手，发展出了金融不稳定假说。明斯基最有名的弟子是提出现代货币理论的兰德尔雷。

托宾新观点

1963 年，托宾提出新观点，即相对于传统的货币基数-货币乘数分析法而言，新观点强调商业银行与其他金融机构的同一性，以及货币与其他金融资产的同一性，主张货币供给的内生性。对这一

理论作出贡献的主要是《拉德克利夫报告》的作者、美国的格雷和
E. S. 肖以及托宾等人。

凯恩斯主义与一般均衡

1963 年，以色列经济学家唐·帕廷金将凯恩斯主义的思想引
入一般均衡理论，通过加入货币和信贷部门对其进行了扩展。他的
很多分析都围绕"实际现金余额效应"展开，其中包括一种广义的
"庇古效应"，并且从经济中可用的外部货币实际价值将会随着价格
水平下降（上升）而上升（下降）这一事实开始分析。庇古认为，
家庭将会意识到这会影响他们的财富，而且其结果是会扩张（或限
制）他们的消费。在价格水平下降的萧条时期，这是一种引导经济
回到充分就业方向的自动机制。

巴拉萨-萨缪尔森定律

1964 年，经济学家贝拉·巴拉萨与萨缪尔森同时发现，一个国
家经济增长越快、汇率升值越快的经济现象。国际金融学将之命名
为巴拉萨-萨缪尔森定律，核心内容是成功的经济发展会引起实际
汇率的升值。

期 望 理 论

1964 年，美国行为科学家维克托·弗鲁姆在《工作与激励》中

提出期望理论，认为激励力的大小取决于该行动所能达成目标的全部效用与达成该目标的概率。

资产定价模型、系统风险与非系统风险

1964 年，威廉·夏普将马科维茨的分析方法发展为著名的"资本资产定价模型"。在模型中，夏普把马科维茨选择理论中的资产风险进一步分为资产的系统风险和非系统风险两部分。前者是由总体股价变动引起的某种资产的价格变化，后者则是由影响股价的某些特殊要素引起的资产价格变动。夏普提出一个重要理论，投资的多样化只能消除非系统风险，而不能消除系统风险。

分 利 集 团

1965 年，美国经济学家曼瑟尔·奥尔森出版著作《集体行动的逻辑》。他指出，规模较小、组织化程度较高的集团，特别是在有足够的资金时，经常能够控制公共利益的表达。奥尔森对于利益集团变得过于强大的趋势也发出了警告：它们阻碍着变革和增长，造成全国范围内的停滞。受一个或多个强势利益集团影响的政治家，不会再考虑公众的普遍利益。1982 年，他又出版《国家的兴衰》，对国家衰落的原因提出了一般性的解释，即大量分利集团、分利联盟的存在。奥尔森认为，大量分利集团的存在可能会成为一个国家衰落的充分必要条件。2000 年，他出版《权力与繁荣》，提出要使一个社会"拥有足以带来经济繁荣的市场"的条件是：①个人权利

可靠、清晰的界定；②不存在任何形式的强取豪夺。离开这两个条件，社会经济就不可能繁荣。奥尔森把康芒斯的制度经济学中有关集团的观点和团体论当作正统的集团理论。集体行动的概念最先由康芒斯提出。

中立货币理论

1956 年，经济学家帕廷金在《货币、利息与价格》一书中，提出货币中立理论。帕廷金认为，货币数量变动不改变利率和相对价格，只使一般物价水平作同比例的变动，其实际余额效应不变，因而对实际经济变量并不产生实质性影响，但帕廷金认为利率的变动将影响家庭在消费和储蓄之间的选择，并影响厂商关于增加投资和收回未清偿债券的选择。帕廷金认为，在没有政府债务和分配效应的假设下，由物价水平变动所引起的实际余额效应就等于财富效应。帕廷金采用一般均衡分析方法，分析了个人手头的实际货币余额的变动，以及由此引起的个人消费和储蓄水平的变动，进而分析社会的消费、储蓄、投资、物价问题。从分析的顺序上说，帕廷金的方法具有先个别后一般、先静态后动态、先微观后宏观的特点。他认为，当工资与物价能自由变动时，货币幻觉不存在，分配效果也不存在。1965 年，帕廷金在《货币、利息与价格》中，将货币（实际余额）作为第 $n+1$ 种商品加入瓦尔拉斯关于 n 种商品的超额供求等式体系，将货币与商品交换按照商品与商品交换的分析方法和思路加以研究，把货币视为一种特殊商品纳入商品交换体系。结果，在这个体系中，商品和货币得到了统一，价值理论和货币理论统一到了一个均衡分析框架。因此，他宣称彻底解决了经济理论史上长期遗留的"两分法"问题。帕廷金清楚而深刻的表述使其著作成为货币理论一般均衡分析的样本，受到经济学界的普遍赞誉和推崇。帕廷金的一般均衡理论发展了瓦尔拉斯一般均衡理论和希克斯理论，所以后人称之为"瓦尔拉斯—希克斯—帕廷金体系"。帕廷金也被称为凯恩斯经济学家，但他是在芝加哥大学的兰格教授那里学习的经济学。

哈 恩 难 题

1965 年，英国著名经济学家哈恩提出了一个令人尴尬的问题，即为什么没有内在价值的纸币与商品和劳务相交换的过程中会具有正的价值？哈恩指出，"瓦尔拉斯—希克斯—帕廷金体系"有一个涉及其存在性的基本问题，即货币经济模型是否存在均衡状态？进一步说，有什么能保证这样的一个经济体中，所有均衡状态都是货币交易而不是物物交换呢？如果不能确定货币具有正的价值，就不能保证帕廷金传统的均衡是一种货币均衡而不是一种物物交换的均衡。哈恩对"瓦尔拉斯—希克斯—帕廷金体系"的这个反诘就是著名的"哈恩难题"。

子博弈精炼纳什均衡

1965 年，泽尔腾将纳什均衡概念引入动态分析，提出"子博弈精炼纳什均衡"。

产品生命周期假说

1966 年，美国经济学家雷蒙德·弗农发表《产品周期中的国际投资和国际贸易》一文，提出了产品生命周期假说。他认为，一种新产品从开始进入市场要经历一个引进、成长、成熟、衰退的阶段，而这个周期在不同技术水平的国家里，发生的时间和过程是不一样的，其间存在一个较大的差距和时差。

科斯定理

1966 年，乔治·斯蒂格勒在教科书《价格理论》中加入了科斯《社会成本问题》一文的内容，并第一次使用了"科斯定理"这个名称。科斯第一定理的内容是：如果交易费用为零，不管产权初始如何安排，当事人之间的谈判都会导致那些财富最大化的安排，即市场机制会自动达到帕累托最优。科斯第二定理通常被称为科斯定理的反定理，其基本含义是：在交易费用大于零的世界里，不同的权利界定会带来不同效率的资源配置。科斯第三定理：在交易成本大于零的情况下，产权的清晰界定将有助于降低交易成本，提高经济效率。乔治·斯蒂格勒受科斯交易成本的影响，提出了信息成本的概念，但他本人从来没有承认过。

供给领先与需求追随

1966 年，美国经济学家休·T. 帕特里克在《欠发达国家的金融发展和经济增长》一文中指出，在金融发展和经济增长的关系上有两种研究方法。一种是需求追随方法，强调金融服务的需求方随着经济的增长，会产生对金融服务的需求，作为对这种需求的反应，金融体系会不断发展。也就是说，经济主体对金融服务的需求，催生了金融机构、金融资产与负债及相关金融服务。另一种是供给领先方法，强调金融服务的供给方，金融机构、金融资产与负债及相关金融服务的供给先于需求。鉴于理论界对后一种方法的相对忽视，帕特里克认为应该把这两种方法结合起来，并指出，在实践中，需求追随现象和供给领先现象往往交织在一起，在经济发展的早期阶段，供给领先型金融居于主导地位，而随着经济的发展，需求追随型金融会逐渐居于主导地位。

非均衡经济学

1966 年，美国经济学家罗伯特·克洛尔出版《凯恩斯主义的反革命：一个理论评价》，成为非均衡经济学研究的代表作。这本书考察了凯恩斯理论体系与瓦尔拉斯学派体系之间的分歧，并得出结论：凯恩斯理论本质上要说明经济非均衡的调整过程，新古典综合的解释是对凯恩斯理论的歪曲，从而了开创了非瓦尔拉斯均衡经济学的研究。克洛尔也被看作非瓦尔拉斯均衡理论的创始人。

鲍莫尔病

1967 年，美国经济学家威廉·鲍莫尔在一篇研究经济增长的论文中提出"鲍莫尔病"理论。他建立了一个两部门宏观经济增长模型，即具有正劳动生产率的进步部门和不存在劳动生产率的停滞部门。鲍莫尔同时指出，进步部门主要是指制造业，而停滞部门是指服务业，包括教育、市政服务、表演艺术、餐饮、娱乐休闲等，"鲍莫尔病"理论推理简洁明了，也能解释市场经济国家服务业成本高的现象。鲍莫尔在纽约大学任教超过 36 年，在普林斯顿大学任教 43 年。"鲍莫尔病"理论并不完全正确，笔者曾用"交易效率"的概念指出了其中的错误，服务业虽然在生产效率上提升不多，但是数字经济则可以提升服务性产品的"交易效率"，因此"鲍莫尔病"的问题不会成为阻碍经济增长的障碍。

结构性通胀

1967 年，鲍莫尔发表《不平衡增长的宏观经济学：城市危机的解剖》，提出结构性通货膨胀理论和"鲍莫尔病"概念。他把经济活动分为两个部分：一是劳动生产率不断提高的进步部门（工业部门）；二是劳动生产率保持不变的停滞部门（服务部门）。随着时间的推移，进步部门的单位产品成本将维持不变（这里指劳动力成本），而停滞部门的单位产品成本将不断上升，正由于劳动力不断从进步部门向停滞部门转移，整个国家的经济增长速度将逐渐变为零，这就是著名的鲍莫尔"成本病"与"增长病"，简称"鲍莫尔病"。当进步部门由于劳动生产率的提高而增加货币工资时，由于攀比，后者的货币工资也以同样的比例提高。在成本加成定价的通常做法下，整个经济必然产生一种由工资成本引发的通货膨胀。因此，在经济结构的变化中，某一部门的工资上升，将引起其他部门向其看齐，从而以同一比例上升。

贝叶斯纳什均衡

1967 年，在海萨尼转换的基础上，海萨尼进一步提出了贝叶斯纳什均衡（不完全信息静态博弈均衡）的概念。海萨尼认为，在不完全信息博弈中，给定其他局中人追求的策略，局中人会使自己的期望值最大化。

垂 直 分 工

1967 年，美国经济学家贝拉·巴拉萨提出垂直专业化分工的概念。垂直专业化分工，是指各国中间品贸易不断增加，跨国垂直贸易链不断延长，每个国家只在商品生产的某个或某几个生产环节进行专业化生产的分工与贸易现象。垂直分工与水平分工相对，亚当·斯密的分工思想是水平分工。巴拉萨生于匈牙利布达佩斯，1951 年获布达佩斯大学法学博士学位，1959 年获耶鲁大学哲学博士学位，曾任约翰·霍普金斯大学政治经济学教授、世界银行顾问等，提出了一些颇有影响的经济学概念。

寻　　租

1967 年，被称为寻租理论之父的美国经济学家戈登·图洛克在《关于税、垄断和偷窃的福利成本》中提出寻租概念。他认为，税收、关税和垄断所造成的社会福利损失大大超过了通常的估算，原因是人们会竞相通过各种疏通活动，争取收入，即寻租，也就是为了取得额外的收益而进行的疏通活动。后来安妮·克鲁格、布坎南等公共选择学者以此为基础进行深入研究，形成寻租理论。寻租理论和监管俘获理论是新自由主义经济学中两个最重要的理论。

公 地 悲 剧

1968 年，英国人类生态学家加勒特·哈丁首先提出"公地悲剧"概念。"公地悲剧"表明，由于产权不明，企业和个人过度使用公共资源，个人在利用公共资源时存有私心。如亚里士多德所言："那由最大人数所共享的事物，却只得到最少的照顾。"后来"公地悲剧"成为新制度经济学中的重要名词，"公地悲剧"的本质是社会成本的处理问题。

货币政策的作用

1968 年，弗里德曼在《美国经济评论》上发表论文《货币政策的作用》，提出自然率假说和附加适应性预期的菲利普斯曲线。他认为，货币政策只能在短期盯住通货膨胀与失业的组合，在长期内，这种结合根本无法实现。几乎在同时，另一位经济学家菲尔普斯也发表了相同的观点，即否认通货膨胀与失业之间存在长期权衡取舍的关系。自然失业率，是指在没有货币因素干扰的情况下，让劳动市场和商品市场总需求与总供给处于均衡状态下的失业率。弗里德曼指出，菲利普斯曲线忽略了影响工资变动的一个重要因素，即工人对通货膨胀的预期。对工人来说，实际工资才是真正重要的，所以名义工资变化率必须用通货膨胀率来纠正。工资变化率一方面由预期通货膨胀率决定，另一方面由实际失业率决定。自然率假说和适应性预期的菲利普斯曲线成功地解释了"滞胀"问题，否定了凯恩斯认定的通货膨胀与失业之间此消彼长的替换关系。

货 币 主 义

1968 年，卡尔·布伦纳使用"货币主义"一词来表述弗里德曼经济学流派的基本特征，此时距弗里德曼的《美国货币史》出版五年，此后被广泛沿用于经济学文献之中。货币主义的代表人物在美国主要有弗里德曼、哈伯格、布伦纳及安德森等，在英国有莱德勒和帕金等人。

直升机撒钱

1969 年，货币主义理论的代表人物弗里德曼在《最优货币量》

一文中提出了"直升机撒钱"的说法，弗里德曼假设了这样一个场景：一架直升机飞过社区上空时撒下美元钞票，这些钱被居民捡走，他们将此视为意外之财并进行消费，带来实际产出增加，从而助推经济增长。"直升机撒钱"理论由此出炉，此时距离他出版《美国货币史》已经过去六年。前美联储主席本·伯南克是"直升机撒钱"理论的忠实倡导者。他曾对"直升机撒钱"的运作机制进行详细阐述，将其命名为"货币化融资的财政计划"，认为这是央行刺激经济增长和避免通货紧缩的终极武器。伯南克在 2002 年的一次演讲中大肆宣传弗里德曼的这一主张，因而被媒体称为"直升机本"（伯南克的全名为本·伯南克），可见这种在经济危机时期扩张货币的做法在学术界和政策界已经发展到了何等程度，也正是这种错误政策的实施，让我们看到这些理论的弊端，从而为新的货币理论奠定了基础。

托 宾 Q 值

1969 年，经济学家托宾提出了一个著名的系数，即"托宾 Q"系数。该系数为企业股票市值与股票所代表的资产的重置成本的比值。"重置成本"是凯恩斯在《通论》中提出的一个概念。

金融机构与金融发展

1969 年，美国经济学家雷蒙德·W. 戈德史密斯出版了历时六年完成、资料翔实的著作《金融结构与金融发展》，提出金融结构和金融发展的概念，讨论了不同经济发展阶段的金融结构模式，奠定了金融结构和金融发展理论的研究基础。戈德史密斯认为，一国现存的金融工具与金融机构之和构成该国的金融结构，金融发展就是金融结构的变化，金融发展研究必须以金融结构在短期或长期内变化的信息为基础，找出金融发展的道路。更有意义的是，戈德史密斯秉承西方经济实证分析的传统，创造性地提出了衡量一国金融结构和金融发展水平的存量和流量指标。

柠檬市场与信息不对称

1970 年，美国经济学家乔治·阿克洛夫发表《柠檬市场：质量不确定和市场机制》一文，成为研究信息不对称理论的经典文献之一，也标志着信息不对称理论的诞生，开创了逆向选择理论的先河。乔治·阿克洛夫是麻省理工学院教授索洛的弟子，同时也是前美联储主席耶伦的丈夫。2001 年，乔治·阿克洛夫、迈克尔·斯彭斯和约瑟夫·斯蒂格利茨由于在"对充满不对称信息市场进行分析"领域所作出的重要贡献获得诺贝尔经济学奖。

有效市场假说

1970 年，美国芝加哥大学金融学教授尤金·法玛提出"有效市场假说"，即如果在一个证券市场中价格完全反映了所有可以获得的信息，那么就称这样的市场为有效市场。有效市场假说有一个颇受质疑的前提假设，即参与市场的投资者足够理性，并且能够迅速对所有市场信息作出合理反应。尤金·法玛在芝加哥大学商学院攻读经济学博士学位，师从默顿·米勒，博士论文是关于股票市场价格行为的研究。法玛的学生戴维·布斯以老师的三因素模型为投资策略基础，成立维景基金顾问有限公司（Dimensional Fund Advisors），2008 年向芝加哥大学商学院捐款 3 亿美元，商学院随之更名为布斯商学院。

内 生 货 币

1970 年，卡尔多反对货币主义的演讲在《劳埃德银行评论》上发表，揭开了传播内生货币理论的序幕。内生货币亦称"不可控货币"，与"外生货币"相对，是一种不由中央银行而由经济体系所决定的货币。商业银行和非银行金融机构都具有创造货币的能力，因为货币是内生的，所以央行的货币数量调控是错误的，央行应该坚持利率调控。卡尔多早年就读与伦敦政治经济学院，哈耶克与凯恩斯论战时，卡尔多是伦敦政治经济学院的讲师。凯恩斯出版《通论》后，卡尔多的研究方向转向宏观经济学，后来成为凯恩斯学派的重要成员，新剑桥学派的代表人物。

规 制 俘 获

1971 年，乔治·斯蒂格勒发表《经济规制论》，提出规制俘获理论。他指出，规制通常是产业自己争取来的，政府规制是为满足产业对规制的需要而产生的，即立法者被产业所俘房；而规制机构最终会被产业所控制，即执法者被产业所俘房。主管机关在其主管范围制定出的某种公共政策或法案，在损害公众利益的状况下，使特定领域商业或政治上的利益团体受益。乔治·斯蒂格勒主要研究利益集团的问题。

赢家的诅咒

1971 年，三位工程师——卡彭、克拉普、坎贝尔在关于墨西哥油田的开采研究中提出"赢家的诅咒"。"赢家的诅咒"是指在拍卖中，赢得拍卖的最终胜利者所付出的代价往往高于实际价值，即赢者不赢、付出高代价的情况。

最优所得税

1971 年，英国经济学家詹姆斯·莫里斯对激励条件下"最优所得税"问题进行了研究，并得出一系列引人注目的结论，其中一点就是对高工资率和最低工资率都应课以零（边际）税率。詹姆斯·莫里斯是 1996 年诺贝尔经济学奖获得者。詹姆斯·莫里斯可以说是阿罗的学生，阿罗虽然不是詹姆斯的学位论文签字人，但阿罗在剑桥访问时，指导了莫里斯的论文，这促使莫里斯转入信息不对称研究领域。

搜 寻 成 本

1971 年，戴蒙德在一篇文章中专门分析了市场价格尤其是劳动力市场的形成机制。他发现，劳动力市场不可以通过调整价格来改变供求平衡；求职者想找到适合的工作岗位，招聘者想找到适合自己的员工，这两者之间存在冲突，即意味着招聘者与求职者都面临着一定的"搜寻成本"——即使是很小的搜寻成本，也会产生完全不同于古典竞争均衡的结果。这一研究成果引起了广泛关注，有关搜寻和匹配市场的重要研究结果都发表于 1980 年左右。后来任教于美国西北大学的莫滕森教授，以及现为伦敦政治经济学院经济学教授的皮萨里季斯，也先后加入这一研究，这三位诺贝尔经济学奖获得者奠定了搜寻理论框架。戴蒙德曾在诺贝尔经济学奖得主索洛指导下完成博士论文。博士毕业那年，戴蒙德 23 岁，有"麻省神童"之称。他在公共债务、世代交叠模型以及最优税收理论方面的造诣，都足以赢得诺贝尔经济学奖。1971 年，他与詹姆斯·莫里斯合著的论文《最优税收和公共产品》，是帮助莫里斯在 1996 年摘得诺贝尔经济学奖的系列研究之一。戴蒙德教授对搜寻模型的研究主要集中在 1979—1982 年。他的主要思想是"搜寻外部性"。

政 策 组 合

1971 年，蒙代尔在一份由普林斯顿大学国际金融系发表的论文中，首次阐明紧缩银根加减税的政策主张。他认为，货币扩张刺激对商品的名义货币需求如果没有刚性需求，就不会产生实际的需求扩张。减税利于提高就业和推动增长，增加对货币的需求，因此，美联储能够为经济提供额外的实际货币，并避免宽松货币环境带来的低利率。货币增长加速会导致通货膨胀，但当失业存在时减税能刺激经济扩张。蒙代尔还将 20 世纪 60 年代的繁荣归于这一政策组合，肯尼迪—约翰逊减税的标志性法案为《1964 年税收法案》，这项政策由肯尼迪政府通过，但直至 1964 年约翰逊签署才得以实施。这项法案的建议人是蒙代尔的老师萨缪尔森。亚瑟·拉弗当时在芝加哥大学商学院任教，并开始了解蒙代尔的研究工作。对国际货币问题的共同兴趣让拉弗和蒙代尔走到了一起，而且拉弗吸收了蒙代尔的思想。

托 宾 税

1972 年，美国经济学家托宾在普林斯顿大学演讲中首次提出托宾税，他建议"往飞速运转的国际金融市场这一车轮中掷些沙子"。该税种的提出主要是为了缓解国际资金流动尤其是短期投机性资金流动规模急剧膨胀造成的汇率不稳定问题，属于抑制投机的税种。

理性预期理论

1972 年，卢卡斯在《理性预期与货币中性》一文中最先提出了一个考察菲利普斯曲线的市场均衡分析框架。在卢卡斯之前，弗雷德曼和菲尔普斯曾分别指出产出与通货膨胀二者之间不存在长期的替代关系，货币政策不具有长期的产出效应，只在短期内存在替代关系。他们采用的是适应性预期假定，卢卡斯发展了他们的观点，认为在理性预期条件下，二者即使在短期也不存在稳定的替代关系。卢卡斯是弗里德曼最中意的学生，但他否定货币政策的有效性。凯恩斯从来就不是一位货币主义者，而是财政主义者，到目前为止，还没有人可以否定财政政策的有效性。

信号传递与信号甄别

1973 年，美国经济学家斯宾塞首先提出信号理论。信号理论是在信息不对称的前提下发展起来的，包括信号传递和信号甄别两大方面。信号传递，指通过可观察的行为传递商品价值或质量的确切信息；信号甄别，指通过不同的合同甄别真实信息。二者的主要差别在于，前者是信息优势方先行动，后者是信息劣势方先行动，尽管存在信息不对称现象，但仍可以实现潜在的交易收益。在斯宾塞的模型中，教育本身并不提高一个人的能力，它纯粹是为了向雇主"示意"或"发出信号"。斯宾塞博士毕业于哈佛大学，师从阿罗，历任哈佛大学经济学教授、经济系主任、人文学院主任，斯坦福大学商学院研究生院院长。

激励相容与显示性原理

1973 年，赫维奇发表论文《资源分配的机制设计理论》，提出激励相容原理和显示性原理，奠定了机制设计理论的框架。激励相容是一种制度安排，使行为人追求个人利益的行为，正好与集体价值最大化的目标相吻合，显示性原理是说需要设计某种激励机制，诱导相关的人暴露出真实信息与意图。激励相容概念的提出把信息不对称问题转化为制度设计问题。

期 权 定 价

1973 年，斯克尔斯与他的同事费雪·布莱克合作研究出了一个期权定价的复杂公式，即布莱克-斯克尔斯定价模型。罗伯特·默顿扩展了原模型的内涵，斯克尔斯与默顿因为该模型获得 1997年诺贝尔经济学奖。默顿博士就读于麻省理工学院，曾是保罗·萨缪尔森的助手。萨缪尔森和默顿发现对方都对用数学方法解决时间和不确定性问题感兴趣，于是，他俩开始合作研究投资组合、认股权定价等问题。1969 年，他俩合作发表《使效用最大化的完整的认股权定价模型》，1974 年合作发表《对长期最优投资决策的对数正态估计的谬误》。在麻省理工学院工作的这段时间，默顿集中研究期权定价理论，此间他发表了许多有创见性的论文。斯克尔斯与默顿 1994 年创办了长期资本公司，曾是美国华尔街首屈一指的对冲基金公司，管理资产高达 1 500 亿美元，但在他们获奖后的第二年破产。默顿与 1996 年诺贝尔经济学奖获得者维克里、2006 年诺贝尔经济学奖获得者菲尔普斯都出生于纽约州的黑斯廷斯小镇，这个小镇共诞生了六位诺贝尔奖得主，其中有三位是诺贝尔经济学奖获得者。

金融深化理论

1973 年，美国斯坦福大学教授罗纳德·麦金农和爱德华·肖几乎同时提出了金融深化理论。相应的理论分别见爱德华·肖的《经济发展中的金融深化》和罗纳德·麦金农的《经济发展中的货币与资本》。这两本著作是金融自由化和金融深化理论的奠基之作，对于金融理论和金融实践都具有深远的影响。所谓金融抑制，就是指政府对金融活动和金融体系的过多干预抑制了金融体系的发展，而金融体系的发展滞后又阻碍了经济的发展，从而造成了金融抑制和经济落后的恶性循环。这些手段包括政府所采取的使金融价格发生扭曲的利率、汇率等在内的金融政策和金融工具。1993 年，麦金农在《经济自由化的顺序——向市场经济转型中的金融控制》一书中给出了金融自由化的政策顺序，对发展中国家特别是包括中国在内的中央计划经济国家的转型产生了深远影响。爱德华·肖在斯坦福大学获得了学士、硕士和博士学位，并且一生中有 69 年在母校中度过。他是斯坦福大学的教授，也是斯坦福大学经济系的缔造者。爱德华·肖 20 世纪 60 年代曾在韩国、乌拉圭工作过，这些经历奠定了其研究发展中国家金融问题的基础。麦金农长期就职于斯坦福大学，是金融发展理论和金融抑制理论的奠基人，即金融变量与金融制度对经济成长和经济发展来说，并不是中性的，即它既能起到促进作用，也能起到阻碍作用。管制越多，金融对经济增长越不利，甚至会形成恶性循环。麦金农和肖深受自由主义思想的影响，他们在各自的著作中都提出了发展中国家走金融自由化道路的激进主张。

有效率的组织

1973 年，诺斯出版《西方世界的兴起》，指出"有效率的经济组织是经济增长的关键，它在制度上作出安排和确立所有权以便造成一种刺激，将个人的经济努力变成私人收益率接近社会收益率的活动"。一个有效率的经济组织在西欧的发展正是西方兴起的原因。在诺斯看来，有效率的经济组织在历史上并不常见。无效率的经济组织源于无效率的产权制度，在分析这些产权制度时，诺斯提出了两个极具洞察力的理论概念——交易费用约束与竞争约束。

李嘉图等价定理

1974 年，巴罗发表《政府债券是净财富吗?》一文，用现代经济学理论重新阐述了李嘉图的财政思想，并将其命名为李嘉图等价定理。"李嘉图《政治经济学及赋税原理》一书中表达了这么一种推测：在某些条件下，政府无论用债券还是税收筹资，其效果都是相同的或者等价的。"巴罗指出，在一个跨时期新古典增长模型中，在特定假设（例如完备的资本市场、一次总付税、代际利他和债券增长不能超越经济增长）下，如果公众是理性预期的，那么不管是债券融资还是税收融资，政府所采用的融资方式并不会影响经济中的消费、投资、产出和利率水平。原因是当政府为弥补赤字发行债券时，具有理性预期的公众明白债券变现最终还是要靠增税来完成，尽管举债具有的减税效应能增加消费者收入，但消费者不会因为现期收入的增加而增加消费。消费者不会将政府发行公债融资引起的财政扩张及收入增加看作幸运的意外收获，他们宁愿将一部分收入储蓄起来以支付未来（甚至子女）的税收负担，因此消费需求不会上升，更不会出现消费支出的乘数效应。巴罗的理论与现实明显相反。

拉 弗 曲 线

1974 年，美国经济学家拉弗为了说服当时福特总统的白宫助理切尼，即兴在华盛顿一家餐馆的餐巾纸上画了一条抛物线，这就是著名的"拉弗曲线"。1974 年，美国经济陷入滞胀，福特政府实施凯恩斯主义的财政政策，计划增加税收，扩大政府投资。经济学家阿瑟·拉弗认为加税政策是糟糕的选项。他通过《华尔街日报》副主编万尼斯基，在华盛顿的一家餐厅约见了福特总统的白宫助理切尼。拉弗给切尼解释，加税无法增加政府税收收入，相反，减税才能让美国摆脱滞胀困境。反对减税主张者将其戏称为"餐桌曲线"。四年后，万尼斯基将"拉弗曲线"刊登在《华尔街日报》上，该理论得以扬名。这个理论并不复杂，它解释了政府税收收入与税率之间的关系。拉弗是美国总统里根的核心智囊，拉弗在读研究生时就与里根建立了关系，里根上任后请了一批经济学家来讲课，第一个就是拉弗。因此可以说拉弗影响了里根革命。拉弗在学术上是蒙代尔在芝加哥大学的学生，早在1971 年，拉弗担任尼克松总统的预算员期间，万尼斯基因传达政治通告而结识了拉弗，拉弗将蒙代尔介绍给了万尼斯基，后来这三人成为供给学派的核心人物。1974 年，拉弗组织了一场由美国企业研究所主办的会议，讨论全球通货膨胀问题。蒙代尔重申了他在 1971 年的论文里关于减税在缓解通货膨胀方面的重要作用。万尼斯基作为《华尔街日报》的社评作者，立即为日报撰写了一篇文章，解释拉弗-蒙代尔的观点。这篇文章可能是使蒙代尔获邀参加 1974 年 12 月 19 日白宫会议的原因。在会上，蒙代尔倡议用紧缩货币政策应对通货膨胀，同时用大规模减税刺激增长。

平等与效率

1975 年，美国经济学家阿瑟·奥肯《平等与效率：重大的抉择》出版，将平等与效率纳入经济研究视野。阿瑟·奥肯也是汉森财政政策研讨班的成员。

滞　胀

1976 年，"滞胀"理论由美国新古典综合学派经济学家保罗·萨缪尔森首次提出，用以解释经济停滞、失业加剧及通货膨胀率升高并存的经济现象。萨缪尔森引用的是 20 世纪 60 年代英国一位政治家发明的一个合成词——"滞胀"，准确地形容了当时特殊的经济现象。

核心 CPI 概念

1975 年，美国经济学家罗伯特·J. 戈登提出核心 CPI 概念，指从 CPI 中扣除食品和能源价格的变化来衡量价格水平变化的方法。从 1978 年起，美国劳工统计局开始公布从消费价格指数和生产价格指数（PPI）中剔除食品和能源价格之后的上涨率，此后，核心 CPI 逐渐成为美国宏观经济分析中较为常用的术语。戈登的《宏观经济学》是首次将理性预期假说纳入菲利普斯曲线进行分析的。不久，所有后续的宏观经济学教科书开始阐述"预期的菲利普斯曲线"。戈登在麻省理工学院攻读博士学位的论文导师为诺贝尔经济学奖得主罗伯特·索洛。戈登是 2016 年畅销书《美国增长的起落》的作者，他用大量数据来分析全要素生产率。他的样本以 1970 年为分界线，结果发现，自 1970 年以来，全要素生产率仅及 1920—1970 年增长速度的三分之一。该书指出，美国可能要面临经济低迷，主要原因在于未来的发明不可能像 1870—1970 年那个"独特世纪"里的发明那样具有革命性，其后的大多数技术进步都是渐进式的，而非革命性的。

消费者理论与世界经济学

1976 年，贝克尔出版《人类行为的经济分析》一书，提出新消费者论和时间经济学。在贝克尔看来，消费者不仅是单纯消费的人，而且是一个进行"生产"的经济人。他生产出某种满足来供自己消费。因此，消费者也是一个"生产者"。新消费论者的一个关键性因素是在分析个人活动时加进了时间因素。贝克尔认为，消费者把时间视为财富，时间价值等于个人把这段时间用于工作时能为之带来的货币收入。消费者总是力图提高时间价值，千方百计地节省时间，用那些需要时间较少的手段来实现自己的意愿和偏好。新消费者论的宗旨在于提醒人们不应该用需求和偏好的外在变化，而应该用在时间与空间中的影响物价和家庭收入的相对变化来解释全部人类活动及社会行为。西方经济学者把贝克尔的时间经济学和新的消费论称为"贝克尔革命"。

供给侧财政主义

1976 年，曾担任过尼克松和福特两任总统顾问的赫伯特·斯坦因在一次经济学界重量级会议上用"供给侧财政主义者"一词来形容当时蒙代尔、拉弗等人的主张，学派另一成员万尼斯基称赞这个说法精妙无比。万尼斯基思来想去，将其修改了一下，变成了"供给经济学"，这样可以与凯恩斯学派的"需求经济学"相对。

卢卡斯批判

1976 年，卢卡斯发表《计量经济政策评价：一种批判》，提出著名的"卢卡斯批判"，认为传统政策分析没有充分考虑政策变动对人们预期的影响。卢卡斯指出，由于人们在对将来的事态做出预期时，不但要考虑过去，还要估计现在的事件对将来的影响，并且根据他们所得到的结果而改变他们的行为。也就是说，他们要估计当前的经济政策对将来事态的影响，并且按照估计的影响采取政策，即改变他们的行为，以便取得最大的利益。卢卡斯是芝加哥大学的经济学博士，是弗里德曼和乔治·斯蒂格勒之后芝加哥学派的代表人物。卢卡斯四年前还发表了有关货币中性的论文。"卢卡斯批判"指出的问题确实存在，但是"卢卡斯批判"的成立需要人类拥有足够理论和完全信息，这在现实中是不存在的。而之后的信息经济学和行为经济学的全面崛起就与"理性预期"学派的批判不无关系。

金融中介理论

1976 年，勒兰德和帕勒发表《信息不对称、金融结构和金融中介》一文，提出了一个重要观点，即包括银行在内的金融中介是为了应对信息不对称而产生的。而 2022 年诺贝尔经济学奖得主、芝加哥大学教授道格拉斯·戴蒙德等人的贡献就是沿着这个思路展开的。

动态不一致性

1977 年，基德兰德和普雷斯科特在合作的论文中提出了政策的"动态不一致性"观点，并认为其是欧美各国在 20 世纪 70 年代出现经济滞胀的根本原因。所选择的政策在不同的时点会有差异。由于通货膨胀和失业在短期内存在替代关系，如果采取一项充分就业、零通货膨胀政策，政策制定者会利用相机抉择的方法，在通货膨胀较低的时候，以很少的通货膨胀为代价来减少失业，从而实现短期内各方利益的最大化，但是由于通货膨胀和失业在长期内不存在替代关系，最终结果是失业没有降低，通货膨胀却提高了。这种公开宣布的计划与执行的计划之间的背离，产生了"动态不一致性"概念。普雷斯科特与卢卡斯亦师亦友。普雷斯科特在卡内基·梅隆大学攻读博士时，卢卡斯在这里担任讲师，两人从此成为合作伙伴。在卢卡斯的影响下，1963 年，普雷斯科特进入卡内基·梅隆大学攻读经济学博士，同年卢卡斯进入该校执教。四年后，在卢卡斯指导下，普雷斯科特毕业，并进入宾夕法尼亚大学任教。从此，普雷斯科特和卢卡斯开始共同工作，发表了《不确定情况下的投资》等论文。1971 年，普雷斯科特回到卡内基·梅隆大学，在那儿遇到了很多杰出的博士生，包括后来与他共同获得诺贝尔经济学奖的基德兰德。

第六章
反击新自由主义，各学派的崛起

　　新自由主义在里根时代达到巅峰，还没等里根下台，反击新自由主义的各种力量就已经开始集结，这些力量主要有新凯恩斯经济学、后凯恩斯学派、行为经济学、信息经济学、机制设计、市场设计理论等。20世纪70年代，亚瑟·伯恩斯担任美联储主席的时候，弗里德曼的"单一规则"被美联储采纳，但到了格林斯潘时代，新凯恩斯学派的"泰勒规则"成为主流。此外，后凯恩斯学派还提出了"内生货币理论"，与弗里德曼的"货币数量论"分庭抗礼，到了21世纪，凯恩斯学派又发展出了"现代货币理论"。

　　反对理性预期学派的任务主要是行为经济学和信息经济学两个学派完成的。这两个学派也有不少凯恩斯主义的弟子，如席勒是麻省理工学院莫迪利安尼的弟子，阿克洛夫是索洛的弟子，斯蒂格利茨也是索洛的弟子，还担任过萨缪尔森的助手。理性预期的前提是人类完全理性和完全信息，如果这些假设条件被摧毁，理性预期理论就将荡然无存。20世纪80年代，这些年轻的凯恩斯主义者开始兵分两路，有的从行为经济学角度摧毁理性预期中的"理性假设"，有的从信息经济学角度摧毁理性预期中的"完全信息"假设。无论他们的身份是信息经济学家还是行为经济学家，抑或是货币经济学家，都有一个共同的目标，那就是反击新自由主义，恢复凯恩斯主义，最终，新古典宏观经济学被这些新凯恩斯主义者攻击得七零八落。

芝加哥大学曾是新自由主义的大本营，但现在，芝加哥学派已名存实亡，引入行为经济学家塞勒就意味着芝加哥大学学派的瓦解。行为经济学本身是反对"有效市场"的，芝加哥大学的米勒和塞勒势不两立，当前芝加哥大学的领导只关注诺贝尔奖奖牌的数量，而不注重对芝加哥学派招牌的维护，最终芝加哥经济学家革了芝加哥学派的命。如果说费希尔、曼昆等的学术贡献是守住凯恩斯经济学的基本盘，卡尔多的内生货币理论、兰德尔雷的现代货币理论等则是直接攻入敌人内部了。

反击新自由主义的学术成果也很快被应用。"内生货币"理论证明了货币数量调控的无效，货币调控只能是利率调控，极具指导性的"泰勒规则"也很快成为美联储在绝大多数时间的信条，格林斯潘是"泰勒规则"的忠实执行者，美联储实行"泰勒规则"为美国经济创造出了一个仅次于"黄金时代"的"大缓和"时代，即1986—2007年间长达近20年的高增长、低波动、低通货膨胀的经济时期。

行为经济学和信息经济学属于微观经济学，其不具备改变一个国家命运的强大力量，但提出的"机制设计""市场设计"思想则应用非常广泛，帮助政府、社会做了大量的工作。

尽管美国第三代凯恩斯主义经济学家在瓦解新古典经济学方面成就巨大，但推翻新古典宏观经济学的任务还没有最终完成，这就有待新一代经济学家的崛起，而笔者提出的不少理论则可以彻底推翻货币主义及真实经济周期理论。

隐性合约理论

1975 年，阿扎里迪斯在论文《隐含合同和就业不足均衡》中指出，由于工人与雇主之间存在一种基本的不对称——雇主是风险中性的，而工人是厌恶风险的，因此，工资的确定，不仅是对劳动贡献的合理回报，还应有充分规避雇员收入变动风险的职能。隐含合同是指风险中性的厂商与风险厌恶的工人之间存在的某种稳定收入的非正式协议。

长期合同理论

1977 年，费希尔独立撰写了《长期合同、理性预期和最佳货币供应规则》，证明了在名义刚性条件下，即使存在理性预期，货币政策也是有效的。后来，菲尔普斯与泰勒教授在费希尔结论的基础上，联合发表了《在理性预期下货币政策的稳定性力量》，进一步论证了理性预期条件下货币政策的有效性。费希尔是美国新凯恩斯学派的领军人物，毕业于麻省理工学院，师从萨缪尔森、索洛等人，也是著名经济学家曼昆、伯南克的老师。早期的新凯恩斯主义者都是从合约的角度完善工资刚性理论。这些研究都有一定的道理，但是笔者在生存经济学中提出了不同的看法，即"生存成本"才是工资刚性的最大因素，因为绝大多数民众能拿到的也仅仅是生存工资。

前 景 理 论

1977 年，普林斯顿大学心理学教授丹尼尔·卡尼曼和阿莫斯·特维斯基在《前景理论：风险下的决策分析》中通过实证分析指出，人的行为是有限理性的，基于前景理论的分析框架，构建了以有限理性为基础的行为经济学。"前景理论"也翻译为"展望理论"，是决策论的期望理论之一。人在不确定条件下的决策选择，取决于结果与展望（预期、设想）的差距而非单单结果本身，即人在决策时会在心里预设一个参考标准，然后衡量每个决定的结果与这个参考标准的差别有多大。前景理论有两大定律：一是人们在面临获得时，往往小心翼翼，不愿冒风险，而在面对损失时，人人都变成了冒险家；二是人损失的痛苦要远远大于获得的快乐。与公理式的"期望效用理论"相比，描述式的"预期理论"能够更好地解释"阿莱斯悖论"。卡尼曼与塞勒是学术合作伙伴，在 20 世纪 70 年代的一次会议上，塞勒偶然拿到了卡尼曼前景理论的早期手稿，非常激动地读完全文，并与卡尼曼结交。当塞勒得知卡尼曼将到斯坦福大学工作时，他也计划在那里待上一年。这段时间两人都收获颇丰，相互学到很多知识，成为好朋友。

七年后他俩又在一起工作一年，继续就心理学和经济学问题进行交流。多年后，塞勒创建了自己的基金公司，卡尼曼出任名誉主席。该公司的理念是，投资者都会犯错，公司就是找出并利用这些错误赚钱。2002 年，卡尼曼获得诺贝尔经济学奖时，带着塞勒去领奖。卡尼曼在写作《思考：快与慢》时认为没有人会愿意去看他的书，所以他至少有 10 次打算半途而废，但是，每次放弃后，塞勒都劝卡尼曼继续写下去，结果卡尼曼的书成了畅销书，销量超过 100 万本。卡尼曼甚至将自己的获奖归功于塞勒，称他是"首位将心理学引入经济学，开创了行为经济学"的学者。

后凯恩斯主义

1978 年，明斯基、温特劳布、戴维森等创立《后凯恩斯主义经济学杂志》，是后凯恩斯主义在美国形成学派的标志，其中戴维森是温特劳布在宾夕法尼亚大学的学生。1938—1939 年，温特劳布在伦敦政治经济学院读研究生期间就开始研究凯恩斯经济学与价格理论之间的关系。美国后凯恩斯学派以温特劳布和明斯基的学生为主。

内部规模经济与贸易

1978 年，美国经济学家克鲁格曼在其博士论文《收益递增、垄断竞争与国际贸易》中首次证明了内部规模经济可以形成贸易基础，生产和需求条件完全相同的两国可以通过贸易获利。克鲁格曼就读于麻省理工学院，大学二年级的时候，著名经济学家诺德豪斯在偶然看到克鲁格曼的一篇关于汽油的价格和消费的文章后，为他对经济问题的深刻理解所打动，立即邀请他做自己的助手。大学毕业后，在诺德豪斯的推荐下，克鲁格曼继续在麻省理工学院攻读博士学位，毕业后他奔赴耶鲁大学任教，但事业并不得志。1978 年，他去探访著名经济学家多恩布什，多恩布什的鼓励使他找回了自信，并打开成功之门。他写了一篇关于垄断竞争贸易模型的论文，7 月，他把这篇论文提交到国民经济研究局的暑期研讨会上，参加这个会议的都是当时国际颇有影响的经济学家。在这次会议上，克鲁格曼一夜成名，克鲁格曼回忆道："那是我生命中最美好的 90 分钟。"接下来的日子里，荣誉和金钱接踵而来。

消费的随机游走假说

1978 年，经济学家罗伯特·霍尔提出随机游走消费假说，他把永久收入假说与消费者理性预期假设结合了起来。该假说认为，当影响消费的一种因素的变动不可预测时，消费随时间的推移发生的变动也是不可预测的，即消费遵循随机游走方式。

最 优 契 约

1979 年，麻省理工学院的本特·霍姆斯特罗姆的文章进一步发展了莫里斯开创的"委托代理"分析框架，构建和完善了完全契约的设计方法，探讨了如何设计最优激励契约将代理人的利益和委托人的利益捆绑起来以解决合作过程中的冲突问题，并将其扩展到团队中的激励、职业关注和多任务委托代理等实际工作中，这一系列的研究工作强烈影响了人事经济学和组织经济学。研究在文献中被称为"莫里斯-霍姆斯特姆"模型方法。本特·霍姆斯特罗姆说："莫里斯的工作，是大量研究工作的起点。"2016 年，美国哈佛大学的哈特和麻省理工学院的霍姆斯特罗姆一起获得诺贝尔经济学奖，以表彰他们在契约领域作出的巨大贡献。

霍姆斯特罗姆 1949 年生于芬兰，1972 年毕业于赫尔辛基大学，获学士学位。毕业之后，他的工作是研究如何使用计算机提高生产力。在这个过程中，霍姆斯特罗姆发现问题不在技术方面，而在如何提供激励使人们以正确的方式提供信息。正是这个发现，使他逐渐放弃了计算机分析而转向激励问题的研究。1975 年，他获得斯坦福大学运筹学硕士学位，之后正式转向契约理论和激励机制设计方面的研究。1978 年，他获得博士学位，从此开启了将近 40 年的经济学家的学术生涯。他的研究成果概括起来有两个方面：一是最优激励契约设计问题，探讨了契约设计中激励与风险分摊之间的最优权衡，提出了针对绩效指标选择的信息含量准则；二是他与梯若尔合作将研究扩展到金融市场流动性及其对金融监管的含义等问题。这方面的研究成果集中体现在他与梯若尔合著的《内部流动性和外部流动性》（2011），他们反驳了货币市场缺乏透明度引发金融危机的观点，指出货币市场设计本身就是不透明的，安全性并不是来自给投资者提供详细的信息，而是为债权提供足够的抵押，因此，货币市场的基础是投资者的信任，而不是丰富且及时的信息。金融危机发生于抵押物的价值下降到使得投资者失去信心之时。

非完全信息下的纳什均衡

1979 年，米尔格罗姆在博士论文《竞争性投标的信息结构》中指出，拍卖是一个非完全信息条件下的非合作博弈的纳什均衡，从而成功解决了拍卖理论中一个长期悬而未决的难题，即拍卖如何正确聚集竞标者拥有的私人信息。此后，他在论文《拍卖和竞争性竞价理论》中，首次提出了具有私人价值信息和共同价值信息的附加价值模型，为拍卖理论贡献了基础性结论。此前，维克里提出了私人价值模型，迈尔森提出了共同价值模型，但缺乏现实基础。米尔格罗姆用"市场设计"这个术语来概括自己的研究方向。米尔格罗姆设想的拍卖过程有两个基本类型：价格递增拍卖和价格递减拍卖。前者从存在过度需求的低价位起步，逐步提升价格以排除过度需求；后者从存在过度供给的高价位起步，逐步降低价格以排除过度供给。1993 年，米尔格罗姆接受美国前总统克林顿的委托，参与美国联邦电信委员会（FCC）的电信运营执照的拍卖工作，天才地完成了拍卖机制的主要设计，使 FCC 的拍卖大获成功，此役使得米尔格罗姆成为全球拍卖领域和产业经济学界最知名的人物之一。他主导设计的拍卖程序后来在世界各地广泛流传，被大量用于无线频谱、电力、天然气等资源的拍卖，米尔格罗姆提出了"相关评价""联系原理"，以及"同时向上叫价拍卖"，极大丰富了拍卖理论的内容。有意思的是，米尔格罗姆对存在"关联评价"拍卖的研究，论证了"赢家诅咒"存在的可能性。与米尔格罗姆一同获得诺贝尔经济学奖的罗伯特·威尔逊是米尔格罗姆的论文导师。米尔格罗姆于 2009 年共同创办咨询公司 Auctionomics，并为世界各地的政府提供拍卖设计的建议，以满足政府的需求。米尔格罗姆的《拍卖和竞争性竞价理论》被引用约 10 万次。以米尔格罗姆、威尔逊和埃尔文·罗斯（2012 年诺贝尔经济学奖得主）等人为代表的"市场设计派"，也许已发展成当代微观经济学中最重要的一个流派。

米尔格罗姆的拍卖理论在 1980 年代影响甚大，成为论文被引用次数最多的在世经济学家之一。

禀 赋 效 应

1980 年，塞勒吸收特沃斯基和卡尼曼的前景理论，在《论消费者选择的实证理论》中首次提出禀赋效应的概念。禀赋效应指的是当一个人一旦拥有某项物品，他对该物品价值的评价要比未拥有之前高。他认为，一定量的损失给人们带来的效用降低要多过相同的收益给人们带来的效用增加，因此，人们在决策过程中对利害的权衡是不均衡的，对"避害"的考虑远大于对"趋利"的考虑。出于对损失的畏惧，人们在出卖商品时往往索要过高的价格。塞勒是行为经济学的先驱，20 世纪 70 年代，在他刚从事经济学教学研究的时候，这门学科根本就不存在。塞勒在主流经济学里发现了很多难以用理性选择解释的现象，当时尚没有足够的实证与实验证据来支持非理性行为，后来塞勒遇到行为经济学的两位奠基人——卡尼曼和特沃斯基，受这二人指导，塞勒从传统经济学研究者转变成一个糅合心理学和经济学研究的学者。塞勒于 2017 年获得了诺贝尔经济学奖。

家庭消费分析

1980 年，迪顿出版了第一本专著《经济学与消费行为》，把对偶理论引入福利经济学和计量经济学。迪顿在剑桥大学读完本科、硕士和博士，他进入剑桥大学的时候，琼·罗宾逊、尼古拉斯·卡尔多、詹姆斯·米德等人都在那里任教，他们非常关注世界面临的贫困与发展问题。迪顿受此影响，开始关注贫困问题。几年后，他又拜在理查德·斯通门下，学习经济学分析工具。迪顿设计了一套系统，即利用家庭调查和数字分析来理解消费和贫困。迪顿于 2015年获得诺贝尔经济学奖，正是表彰其在该领域的研究成果。此外，他的贡献还包括提出质量分析指数、营养需求分析方法、拟面板数据、价格指数、不平等和贫困的测量方法等。关注贫困问题是剑桥学者的共同特征，如阿玛蒂亚·森、斯蒂格利茨等，罗宾逊夫人的其他弟子也都这样。

心 理 账 户

1980 年，塞勒提出禀赋效应的同时，还提出了心理账户理论。心理账户理论指出，人们不仅有对物品分门别类的习惯，对钱和资产，人们会一样将其各自归类、区别对待，在头脑中为它们建立各种各样的"账户"，从而管理、控制自己的消费行为。

预算软约束

1980 年，匈牙利经济学家亚诺什·科尔奈出版《短缺经济学》，提出预算软约束的概念。软预算约束，是指当一个经济组织遇到财务上的困境时，借助外部组织的求助得以继续生存这样一种经济现象，软预算约束对应的是硬预算约束。所谓硬预算约束，就是我们平常说的优胜劣汰的市场机制，即经济组织的一切活动都以自身拥有的资源约束为限。科尔奈在他的祖国被称为"叛徒经济学家"，但在西方世界大受欢迎，被聘为哈佛大学教授。

路 径 依 赖

1981 年，美国新制度经济学家诺斯出版《经济史中的结构与变迁》一书，提出路径依赖的概念。路径依赖类似于物理学中的惯性，事物一旦进入某一路径，就可能对这种路径产生依赖。这是因为经济生活与物理世界一样，存在着报酬递增和自我强化的机制。这种机制使人们一旦选择走上某一路径，就会在以后的发展中不断自我强化。真实经济周期理论否定了把经济分为长期与短期的说法。诺斯早年信奉社会主义，20 世纪 70 年代，在华盛顿大学担任系主任，诺斯在国家经济研究局工作时是库兹涅茨的下属，受到库兹涅茨的亲自指导。1993 年，与诺斯同获诺贝尔经济学奖的罗伯特·福格尔也是库兹涅茨的学生。诺斯和福格尔是德国历史学派在美国的第五代传人，第一代为克拉克、第二代为凡勃伦、第三代为米切尔、第四代为库兹涅茨与弗里德曼。诺斯将制度学派与交易成本相结合创造出新制度经济学的研究与张五常有关。张五常去西雅图华盛顿大学担任教授即是诺斯聘任的，他通过张五常开始了解新制度经济学，从而走上研究新制度经济学之路。诺斯的研究路径是用交易成本研究制度变迁和新经济史。

超额波动理论

1981 年，席勒在《美国经济评论》上发表《股价过度波动能根据其后的股利变化进行解释吗?》。席勒提出超额波动性理论，也就是股票股利变动不足以解释股票波动，向有效市场假说发起挑战。超额波动性理论对金融学产生了很大的影响，正如席勒所说，"超额波动有力地冲击了有效市场假说，指出了有效市场的失败"。这篇文章引发了学界对股价波动与股利变化关系研究的热潮。《美国经济评论》于 2011 年第 1 期出版了百年纪念特刊，甄选和公布了百年来刊发的对经济学影响深远并具有开创意义的 20 篇最佳论文，这篇文章入选。

序 贯 均 衡

1982 年，斯坦福大学的威尔逊与克莱普斯合作发表论文《序贯均衡》，从 1970 年代起，威尔逊从事博弈论研究，并将博弈化推进到了一个新阶段。威尔逊和米尔格罗姆在 2020 年获得诺贝尔经济学奖后，他和门下的弟子已经有四人获得了诺贝尔奖，其余两位分别是 2012 年的埃尔文·罗斯和 2016 年的本特·霍姆斯特罗姆。威尔逊 1937 年生，分别于 1959 年、1961 年、1963 年在哈佛大学获得学士、硕士、博士学位。此后一直在斯坦福大学商学院任教。他是斯坦福大学商学院经济组的微观经济学的奠基人，1999 年担任经济计量学会主席。威尔逊在哈佛大学攻读博士学位时的指导老师是著名应用数学家霍华德·雷法，他和著名数理心理学家邓肯·卢斯一起编写了《博弈与决策》（*Games and Decisions*）一书。这部出版于 20 世纪 50 年代的著作应该是最早的博弈论教科书。威尔逊是埃尔文·罗斯 1971—1974 年在斯坦福大学攻读博士学位的导师，那时博弈论还不成熟，由博弈论延伸出来的机制设计还很生涩，也还没有经济学家从事市场设计。拍卖市场和匹配市场是非合作博弈与合作博弈的不同分支发展起来的。本特·霍姆斯特罗姆 1949 年出生于芬兰首都赫尔辛基，29 岁时在斯坦福大学取得博士学位，师从威尔逊。

非均衡经济学

1982 年，非均衡学派的主要代表人物、法国经济学家贝纳西出版《非均衡经济学》，贝纳西建立了一个统一的理论框架，使非均衡理论更具严密的逻辑性，从而成为非均衡理论的集大成者。贝纳西是诺贝尔经济学奖获得者德布鲁的学生，德布鲁以证明一般均衡出名，曾与阿罗一起采用严格数理证明了均衡的存在性和稳定性，完成系统的阐释工作并且一起获得诺贝尔经济学奖。

内生货币理论

1982 年，卡尔多在《货币主义的惩罚》中提出了货币需求决定货币供给的观点。他指出，中央银行为了履行最后贷款人的职能，就不能拒绝金融机构票据贴现的请求，一旦中央银行拒绝或者限制金融机构票据贴现的数量，银行等金融机构就可能因缺少流动性而丧失支付能力，导致银行体系崩溃。正是因为中央银行只能被动地接受票据贴现的请求，在信贷-货币经济中，货币供给是内生的，它直接随公众对持有现金和银行存款的需求的变化而变化，而不能独立于这种需求的变化，中央银行在任何情况下对货币供给都是没有控制能力的。而且，为避免银行体系的崩溃，中央银行唯一能确定与管理的是利率，所以，货币政策的目标是确定利率而不是货币供给量。

经济学的定义

1932 年，罗宾斯出版《经济科学的性质与意义》，认为经济学研究的是人类行为在配置稀缺手段时所表现的形式。该书旨在恢复西尼尔、穆勒、凯恩斯等人为代表的正统新古典经济学的声誉，排斥历史学派或制度学派烦琐的经验研究，力主依据经验事实得出若干一般性的假设，通过演绎推理得出理论结论。

真实经济周期理论

1982 年，基德兰德和普雷斯科特在《计量经济学》上发表《建造时间和总量波动》一文，提出真实经济周期理论。他们认为，经济波动主要是由一些对经济持续的实际冲击引起的。实际冲击包括大规模的随机技术进步或生产率的波动，这种波动引起相对价格波动，从而引起产出和就业的周期性波动。这两位学者是师生，基德兰德是普雷斯科特在卡内基·梅隆大学的学生。普雷斯科特是卢卡斯在卡内基·梅隆大学的学生，卢卡斯曾在卡内基·梅隆大学短暂任教。卡内基·梅隆大学是宾夕法尼亚州的名校，西蒙、莫迪利安尼、米勒、卢卡斯、基德兰德、普雷斯科特等学者的核心研究成果都是在这个学校取得的。在真实经济周期理论提出之前，卢卡斯提出的是货币冲击经济周期理论。真实经济周期理论表明，经济周期是理性经济主体对技术进步冲击的最优反应，经济波动就不应被视为对经济增长长期趋势的暂时偏离，而是经济基本趋势本身的波动，即经济周期不是实际 GDP 对潜在 GDP 的偏离，而是潜在 GDP 本身的变动。真实经济周期理论把经济增长理论和经济周期理论整合在一起，抛弃了传统主流经济周期理论对短期经济和长期经济、经济增长和经济周期的常规划分，并大胆推断——经济周期的每一个阶段，无论是繁荣还是衰退，都符合帕累托效率的均衡状态。真实经济周期理论认为，波动并不反映市场机制失灵，政府为减轻波动而采取的干预政策不可能达到所期望的政策目标，并且在任何情况下，政府为减轻波动而采取的反周期政策干预都将减少人们的福利水平。2004 年，基德兰德和普雷斯科特获得诺贝尔经济学奖，以表彰他们在动态宏观经济学领域中所作的贡献。

新货币经济学

1982 年，霍尔提出"新货币经济学"。新货币经济学遵循希克斯的传统，将货币理论与价值理论相结合，在理论上彻底、全面地摒弃了传统货币理论。新货币经济学由两个分支组成：一是 BFH 支付体系，另一个是法律限制学派。新货币经济学的主要论点是，现有的货币、金融体系并非自然演进，而是法律限制或政府管制的必然结果。在自由放任的竞争性市场条件下，不一定存在集记账功能和交换手段两大职能于一身的货币，货币现有的两大职能将由不同的物质分别承担，市场中以货币为媒介的交换最终会被"精密的物物交换"所取代。新货币经济学之所以称为"新"，是因为它一反传统理论先接受货币的存在，然后再研究货币作用的思维惯性，出人意料地提出"取消货币会如何"的问题。霍尔是美国著名的宏观经济学家，他在消费理论、货币理论和经济周期波动理论等方面作出了突出贡献。霍尔 1943 年出生于美国加州，1967 年获麻省理工学院经济学博士学位，1967—1978 年间先后执教于加州大学伯克利分校和麻省理工学院，1978 年以后任斯坦福大学经济学系教授及该校胡佛研究所高级研究员。2010 年，霍尔担任美国经济学联合会会长。

效率工作理论

1984 年，耶伦在《失业的效率工资模型》中完善了效率工资理论，总结了效率工资背后原因：①高工资可以为工人提供更多营养，从而提高其生产率，这在欠发达国家尤为突出；②效率工资提高了在岗工作的机会成本，降低了工人怠工的概率；③通常高技能工人的保留工资相对较高，较高的效率工资可以吸引高技能工人，从而提高应聘工人的平均技能，提升厂商所雇佣工人的平均劳动生产率；④高工资影响工人的士气，会使工人更忠诚于企业且工作努力程度更高。阿克洛夫和耶伦在《劳动力市场的效率工资模型》（1987）一书中将效率工资模型同名义工资刚性、周期性失业联系在一起。耶伦的丈夫是 2001 年诺贝尔经济学奖得主、加州大学伯克利分校名誉教授乔治·阿克洛夫。耶伦的导师为耶鲁大学教授托宾，她也是美国首位女性美联储主席。

代理监督理论

1984 年，戴蒙德发表论文《金融中介和代理监督》，提出代理监督理论。他指出，由于信息不对称的存在，借款人会发生事后的道德风险问题，而金融合同对他们的约束能力是很低的。很显然，这样会增大市场上的金融风险。在引入金融中介之后，金融中介就可以作为存款人和贷款人之间的一个代理人，以监督合同的实施状况。戴蒙德用模型证明了相比于让存款人直接监督借款人，金融中介能节约巨大的成本。

菜单成本理论

1985 年，美国经济学家曼昆在《经济学季刊》上发表论文《小的菜单成本与大的经济周期：一个垄断的宏观经济模型》，提出菜单成本的概念。菜单成本原指餐厅的菜单得花钱印刷，印好了就不会天天换；此处的菜单成本，指调整价格时所花费的成本，包括研究和确定新价格的成本、重新编印价目表的成本、通知销售点更换价格标签的成本等。菜单成本论又叫成本的价格调整论。菜单成本的存在阻碍了厂商调整价格，使名义价格水平有了黏性。价格黏性是新凯恩斯理论的基石，货币非中性一般被认为是价格黏性导致的。如果价格完全弹性，新凯恩斯理论预测货币政策没有效果。曼昆是麻省理工学院教授费希尔的弟子，是新凯恩斯主义的代表人物。1987年，曼昆被正式聘为哈佛大学经济学教授；1992年，曼昆出版《宏观经济学》；1998年，出版《经济学原理》，成为最成功的经济学教材之一。

近 似 理 性

1985年，阿克洛夫和耶伦在《对理性的微小偏离会使经济均衡产生巨大变化吗?》一文中提供了一个研究近似理性非最优化经济行为的一般性方法。该方法的数理经济学基础是包络定理和二阶泰勒展开式。阿克洛夫和耶伦在《一个带有收入和价格惯性的近似理性的商业周期模型》中，应用前述论文中的近似理性行为理论研究名义总需求冲击导致的宏观经济周期现象。该文构建了一个近似理性行为下的次优宏观经济模型。

输赢者效应

1985年，塞勒提出"输者赢者效应"，即投资者对表现较差的投资组合过分悲观，而对表现较好的投资组合过分乐观。因此，股价会受投资者情绪及历史表现的影响，导致价格偏离价值。

德鲁克的创新

1985 年，76 岁的彼得·德鲁克出版《创新与企业家精神》，最终将源于桑巴特、熊彼特的创造性破坏、企业家精神等概念带到大众面前，全书强调当前的经济已由"管理的经济"转变为"创新的经济"。创新是微风细雨，创新是革命的替代品，是这本书要表达的核心思想。德鲁克认为，熊彼特一开始就宣称经济学的中心问题不是均衡而是结构性变化。德鲁克在《一个社会生态学家的思考》一文中指出，经过多年思考，我认识到，变革也是需要管理的。实际上，我逐渐认识到所有机构——无论是政府、大学、企业、工会，还是军队——只有通过在其自身结构中建立系统化、有组织的创新，才能保持连续性。经济学家熊彼特是德鲁克父亲的好友，早在 1902 年，德鲁克的父亲不仅是奥地利财政部的公务员，同时也在大学里讲授有关经济学的课程，而 19 岁的熊彼特就是听课的学生。金伟杰的《蓝海战略》、克里斯顿滕森的《创新者的窘境》都源于德鲁克的著作。德鲁克的管理学思想，深受创新理论之父约瑟夫·熊彼特的影响，因此一开始就把创新置于管理理论的核心地。德鲁克说："写作是我的职业，咨询是我的实验室"，德鲁克一生出版了 36 本书籍，销量超过八百万册。他的书籍、讲座和咨询经验成为企业家和管理学者取之不竭的思想宝库。《蓝海战略》《平衡记分卡》《追求卓越》《基业长青》等畅销管理学书籍，都可以在德鲁克的著作中找到源头。德鲁克 1909 年生于奥地利首都维也纳，祖籍为荷兰，后移居美国。德鲁克从小生长在富裕的文化环境之中，其自传体小说《旁观者》详细生动记叙了其成长历程。

内生增长理论

1986 年，美国新凯恩斯派经济学家罗默在经济学核心期刊《政治经济学杂志》上发表《规模报酬递增与长期增长》，将经济增长理论升级为"内生增长"理论。罗默将知识及技术变革引入经济增长。他认为，知识是一种公共物品，一个人使用知识，并不妨碍别人使用知识，具有产生强大的正外部性，从而导致规模报酬递增的出现。一旦有了规模报酬递增，持续的增长也就成为可能。罗默的导师为芝加哥大学的卢卡斯，但罗默思想上倾向于凯恩斯主义，被认为是凯恩斯主义者。罗默与威廉·诺德豪斯、保罗一起获 2018 年诺贝尔经济学奖，获奖理由是创新、气候和经济增长的研究。

不完全契约

1983 年，奥利弗·哈特与格罗斯曼在合作的《所有权的成本与收益：纵向一体化和横向一体化理论》一文中，创造性地提出契约剩余控制权的概念。1986 年，美国经济学家奥利弗·哈特联合格罗斯曼发表开创性论文《走向全球：不完全契约，产权与国际生产组织》。该论文指出，契约不可能具体约定各方在未来各种可能情况下应该怎么做，但需要约定当各方不能达成一致时谁有权做出决定。这就是不完全契约理论。

科斯认为，企业本质是一种契约关系，但缺乏严谨的理论模型，使该理论在很长一段时间内遭受各方质疑，这些质疑引起了哈特的注意。在科斯假定的基础上，哈特与格罗斯曼的研究成果奠定了当代企业理论的基础，并为企业理论确立了一个基于契约理论的分析框架。他的《企业、契约与金融结构》（1995）已是企业理论的经典教科书。哈特认为，拥有契约剩余控制权，是企业契约关系存在的关键。他给"企业"新的定义——由其所拥有或控制的资产构成，所有权就是实施控制的权力，他从不完全契约的角度构建了企业产权分析的新框架，奠定了其在不完全契约理论和企业的产权理论的领军者地位。

哈特的不完全契约晚于完全契约理论。在哈特之前，经济学界一直为新自由经济学的完全契约理论所统治，即市场是完美的、竞争是完全的、信息是对称的，因而契约具有完全性。哈特的不完全契约理论几乎对其全盘否定。该理论认为，由于人们的有限理性、信息的不完全性及交易事项的不确定性，明晰所有的具体权利的成本过高，完全契约是不可能的，而不完全契约是必然和经常存在的。他将企业看作一个不完全契约，其中可以在事前契约中明确规定的权利称为特定权利，而无法规定的其他权利称为剩余权利或剩余控制权。当出现初始契约没有规定的情况时，拥有剩余控制权的一方将负责做出决策。剩余控制权通常是财产权的所有者拥有的。有更多决策权的一方有更大的积极性去做出一些决策，比如追加投资，而决策权较少的一方的积极性较弱。对于较为复杂的契约，决策权的分配成为绩效激励的一个替代方案。格罗斯曼与哈特认为，在不完全契约环境下，产权才是重要的。最优的产权安排必须在保护一方的投资激励和减少另一方的投资激励之间权衡取舍。交易费用经济学虽然指出了产权变化的收益，却没有指出产权变化的成本，从而无法提供逻辑一致的企业边界分析。不完全契约理论以财产权或剩余控制权的最佳配置为研究目的。哈特是哈佛大学经济系前系主任，并担任美国法律与经济学会主席及美国经济学会副主席。2016 年，哈特教授因在不完全契约理论方面的突出贡献，获得诺贝尔经济学奖。诺贝尔经济学奖委员会认为，哈特的重要贡献是让世人理解真实世界的契约和制度，同时也赋予我们在私人市场和公共政策中契约应该如何设计的新的思考模式。1994 年 8 月 23—26 日，哈特教授到北京参加了"京伦会议"，即"中国经济体制的下一步改革"国际研讨会。

债务三阶段理论

1986 年，明斯基出版《稳定不稳定的经济》，根据收入和债务的关系将融资分为对冲型融资、投机型融资和庞氏型融资三个阶段。其中对冲型融资是指债务人的现金流能够覆盖利息和本金；投机型融资是指债务人的现金流只能覆盖利息；庞氏型融资是指债务人赚的钱，本金和利息一个都覆盖不了，甚至靠借新债还旧息。但是明斯基的债务三阶段理论并不能解释 2008 年爆发的全球经济危机，因为这次危机的根本原因是政府债务，而非企业债务，私人负债只是政府负债的外部转移。明斯基在哈佛大学的第一位导师是约瑟夫·熊彼特，他于 1950 年去世，之后明斯基在瓦西里·莱昂蒂夫的指导下完成论文。明斯基在哈佛大学还担任了汉森主讲的"货币和银行"课程的助教，并在他的乘数－加速数模型中展开博士研究。但是，明斯基并不认同汉森关于凯恩斯《通论》的解读，认为他的诠释太过机械，忽略了货币和金融的重要性。或许出于这个原因，明斯基并没有选择汉森作为自己博士论文的导师。明斯基于1937年9月进入芝加哥大学读本科，四年后获得了数学学士学位。1939年后，他决定专精经济学，这一决定很大程度上还受到了波兰经济学家奥斯卡·兰格一次关于社会党的短期课程的影响。兰格专注于社会主义的经济理论，他认为（去中心化的）社会主义是一种使市场运作的机制。兰格所提出的"市场社会主义模式"成为明斯基曾憧憬的理想经济模式。另一位受马克思主义影响的经济学家勒纳，则经兰格介绍成为了明斯基的挚友。兰格不仅在大学里教授凯恩斯的《就业、利息和货币通论》，还教授马克思的商业周期理论课程。明斯基的"不稳定的经济体为其自身埋下了毁灭的种子"的表述也受马克思影响，明斯基有关金融不稳定性的研究，也深深影响了斯威齐等马克思主义者。2008年全球金融危机爆发，克鲁格曼等经济学家则声称"我们如今都是明斯基主义者了"。

迪 顿 悖 论

1987年，迪顿在论文《消费的生命周期模型，理论与证据一致吗?》中检验了影响消费者行为的生命周期模型的有效性，他发现，持久收入比当前收入更不平滑。迪顿于1989年与坎贝尔联合发表《为什么消费如此平滑?》，认为居民消费对收入冲击的反应表现得过于平滑，迪顿称其为消费的"过度平滑性"。迪顿在 1991 年的论文《储蓄和流动性约束》中指出，当消费者相对缺乏信心且劳动收入随时间独立同分布时，资产就起到了缓冲库存的作用，保护消费水平不受收入减少的影响。简言之，"迪顿悖论"就是指收入大幅下跌似乎并不会对消费产生同样大的冲击，强调消费的稳定性和持续性，其消费理论认为，"迪顿悖论"促使跨期消费决策的研究重心从加总数据转向微观消费数据。迪顿认为，持久收入不能解释消费的相对稳定。在笔者看来，收入不稳定而消费稳定的背后是储蓄和投资的调整，在收入降低时，人们会调整储蓄和投资以保障消费支出。迪顿如果熟悉凯恩斯的理论，就会对消费作出更宏观的解释。

商品货币、政府货币、信用货币

1988 年，莫尔在《后凯恩斯经济学》杂志上发表《内生货币供给》一文，莫尔把货币分为三种：商品货币、政府货币和信用货币。商品货币，是从各种实物演变而来，最后体现在黄金上。政府货币是由政府发行债券而沉淀在流通中的货币。这两种货币都是外生的；信用货币是商业银行发行的各种流通和存款凭证，其形成于商业银行的贷款发放，而这又取决于公众对贷款的需求和贷款的期限，因而信用货币的供给并不脱离于其需求，具有内生性。莫尔从基础货币和货币乘数两个方面论证货币供给的内生性。莫尔认为，现代货币主要由信用货币构成，而信用货币形成于商业银行的贷款发放，贷款发放又取决于公众对贷款的需求和贷款的期限。在给定的贷款利率水平上，由于中央银行不能控制商业银行的贷款，当公众的贷款需求上升时，商业银行的贷款需求随之上升，中央银行发放贷款，即货币供给取决于公众的货币需求，信用货币供给是内生的。在货币乘数方面，莫尔认为货币乘数由现金漏损率、法定准备金率和超额准备金率共同决定，除了法定准备金率由中央银行直接控制，其余变量都是由中央银行以外的因素决定，即货币乘数也是内生变量。莫尔否定货币乘数的意义，认为乘数的等式仅仅是对现象的描述，而不是对现象的解释。在货币控制上，不管是凯恩斯主义逆风而动的相机抉择还是货币主义不变增长率的固定规则，甚至理性预期学派的货币政策无效论，都以货币供给的外生性为理论前提。信用货币供给的内生性很强。由于中央银行投放基础货币受制于商业银行、企业以及家庭的经济活动，因此央行无法控制基础货币的供给。

新规制经济学

1988 年，梯若尔的代表作之一《产业组织理论》出版，标志着一个新理论框架的形成。梯若尔的《产业组织理论》是第一本用博弈论范式写成的教科书。20 世纪 80 年代前后，梯若尔和拉丰共同开创了激励理论的一个新的应用领域——新规制经济学，并以两本经典著作——《政府采购和规制中的激励理论》（1993）和《电信竞争》（2000）完成了该理论框架的构建，确立了其在该领域的开创者地位。

传统的规制方法主要有两种：基于服务成本定价的服务成本

规制方法和基于拉姆齐定价规则的拉姆齐-布瓦德规制方法。由于忽略了规制中存在的信息不对称问题，它们无法提供正当的激励。一般地，被规制的垄断企业拥有有关运营成本的私人信息，并且总是有积极性隐瞒这种信息，因而规制方很难获得精确的成本信息。在这种情况下，上述两种方法会导致极大的激励扭曲。在批判传统规制理论的基础上，他们创建了一个关于激励性规制的一般框架，结合了公共经济学与产业组织理论的基本思想以及信息经济学与机制设计理论的基本方法，成功解决了不对称信息下的规制问题。梯若尔提出了著名的"防范串谋原理"，即为了避免串谋导致组织效率的损失，对于一般性组织，委托人总可以设计一组新的机制或契约，通过转移支付等手段，使代理人的收益超过他参与串谋的收益，从而打消代理人参与串谋的积极性。梯若尔是 2014 年诺贝尔经济学奖获得者，诺贝尔奖评委会强调了梯若尔在监管方面的研究——不是高压式的、很重的监管，而是强调灵活性的监管——试图在过度监管的危害和纠正负外部性及市场机制一些缺失特性的必要性之间求得平衡。

金融加速器理论

1989 年，伯南科和格特勒发表《代理成本、净值与经济波动》一文，后来被认为是包含了"金融加速器"思想的经典文献。在这篇文章里，伯南科和格特勒对真实经济周期模型（RBC 模型）进行了修改，推出了一个简单的新古典经济周期模型，并以此来说明金融市场对宏观经济波动的影响。直到 1996 年，这种机制才被伯南科和格特勒正式命名为"金融加速器"。由于信贷市场摩擦的存在，除非企业外部融资全部抵押担保，否则，外部融资的成本高于内部融资，存在有外部融资的升水。外部融资升水的程度和企业净值成反比，因此，企业资产负债状况的改变能够引起投资的变化，投资的改变会进一步引起下一期产量的变化，从而造成经济波动。1996 年，伯南科和格特勒等人在提出金融加速器模型之后，把金融加速器机制引入新凯恩斯标准动态模型，提出了 BGG 模型。资产负债表对公司投资的影响在经济下行时期比繁荣时期大，对小公司的作用比对大公司的作用大。金融传导机制的作用在经济繁荣时期与在经济下行时期是不对称的，对小企业的作用更明显。

跨 期 选 择

1989 年，跨期选择概念由塞勒与其合作者列文斯坦提出。跨期选择是对成本与收益分散在各个期间进行决策。当一个人面对自己的冲动性时，一般的解决方法就是试图控制自己未来的行为，但在很多涉及跨期选择的情形下，学界对个体做出长期理性选择的能力存在质疑。

莱茵资本主义

1991 年，法国经济学家米歇尔·阿尔贝尔在《资本主义反对资本主义》一书中，将莱茵河流域的西欧国家，主要是德国、瑞士、挪威、瑞典等国所奉行的市场经济模式称为"莱茵资本主义模式"。与英美模式相比，欧洲的莱茵模式具有深厚的社会基础和悠久的历史与文化传统，强调建立社会保障体系，利用税收和福利政策实现社会的和谐和公正。

动态比较优势

1992 年，日本学者小泽辉智提出动态比较优势理论。动态比较优势理论，是指比较优势可以通过专业化学习、投资创新及经验积累等后天因素人为地创造出来，强调规模报酬递增、不完全竞争、技术创新和经验积累。

泰 勒 规 则

1993 年，美国新凯恩斯经济学家约翰·泰勒发表《实践中的相机抉择和政策规则》，提出"泰勒规则"。"泰勒规则"主张用利率手段达成通货膨胀目标，利率根据通货膨胀率和产出变化调整。当产出缺口为正（负）且通货膨胀缺口超过（低于）目标值时，应提高（降低）名义利率。泰勒规则目前已代替弗里德曼的单一规则。

1993 年，斯坦福大学威尔逊教授的价格机制研究集大成之作《非线性定价》由牛津大学出版社出版。从 1980 年代起，威尔逊在拍卖机制设计的理论与应用的研究中取得重要成果，成为电信、交通和能源等领域的拍卖与竞标机制设计的权威学者。该书对费率设计和电信、交通和能源等公用事业相关主题进行了百科全书式的分析。该著作为他赢得了很多荣誉。威尔逊就职于斯坦福大学，早年研究博弈论，后来研究拍卖理论，并获得诺贝尔经济学奖。他与其弟子们构成了市场设计学派。

内部人控制

1994 年，青木昌彦提出"内部人控制"的问题。"内部人控制"，是指在现代企业中的所有权与经营权相分离的前提下形成的，由于所有者与经营者利益的不一致，由此导致经营者控制公司，即"内部人控制"的现象。

社会政策生产要素

1997 年，哈姆瑞·杰克在为荷兰轮执主席期间主办的阿姆斯特丹会议上的一个报告中正式提出"社会政策作为生产要素"的观点。生产要素理论来源于法国经济学家杜尔哥，他最早将土地、资本、劳动称为生产三要素，后来马歇尔在生产三要素的基础上增加了组织，构成了生产四要素。长期以来，人们对社会政策的认识存在一种"误解"，认为它是经济发展的负担，不利于企业的竞争等，但社会政策并不是一种纯粹的政府财政支出，更不是经济增长和发展的负担或束缚因素，而是发展生产、经济增长或持续发展必不可少的促进因素。1996 年，时任欧洲委员会主席的雅克·桑特在第一届"欧盟社会政策论坛"的报告中就提到了"就业和社会问题作为生产性要素"的观点，即"经济政策决定如何生产和如何获取最大利润；社会政策则是决定在何种条件下进行生产，如何在利润被使用时获取更多的益处"。2005 年，国际劳工局理事会就业和社会政策委员会在第四项议程中也提出了"社会保障作为生产性要素"的报告供讨论。良好的社会政策可以满足人们生存的基本需要，增强社会的稳定性，推进社会公正和聚合，营造经济长期稳定增长所必需的有利环境；另一方面它通过发展和释放人力潜能，降低社会工作风险，还可直接促进生产率的提高。社会政策是生产性要素的思想可以说与社会资本理论一脉相承。1993 年，布坎南指出，像其他的资本一样，社会资本是生产性的，一般认为，社会政策起源于 1872 年德国学者为解决本国当时最迫切的社会问题——劳资冲突所组织的"社会政策学会"。第一位承认社会政策是科学概念的经济学家是德国瓦格纳，1891 年他在发表的一篇论文中指出，社会政策是运用立法和行政手段，调节财产所得和劳动所得之间的分配不均问题。20 世纪的中期以后，源于社会福利理论的社会政策才逐渐成为独立的应用社会科学学科。

注意力经济

1997 年，美国学者迈克尔·戈德海伯发表《注意力的购买者》，认为信息会极大丰富，甚至泛滥。在信息泛滥的社会，只有一种资源是稀缺的，那就是人的注意力。经济学家西蒙也提出过类似观点。他认为，随着信息的发展，有价值的不是信息，而是注意力。

破坏性技术、延续性技术、开辟式创新

1997 年，哈佛大学教授克莱顿·克里斯坦森出版《创新者的窘境》，提出延续性技术和破坏性技术这两个概念。所谓延续性技术，强调新技术是在原有技术轨迹的延长线上进行的创新；破坏性技术，说白了，就是完全另起炉灶、打破传统的意思。他进而将创新分为破坏性创新和延续性创新。2019 年，克里斯坦森出版《繁荣的悖论》，进一步完善了他的创新理论，提出了开辟式创新概念。这种创新不只为公司带来新的增长，还会开辟新的行业，拉动整个前沿经济体，促成包容性可持续发展。

家庭调查分析

1997 年，迪顿出版《家庭调查分析：发展政策的微观计量方法》，比较系统地介绍了家庭调查数据的分析方法，包括家庭调查的构建、适用的经济计量分析工具以及由此引出的一系列发展政策问题。他指出，家庭调查不仅能够提供各种受政策影响的经济变量信息如价格，而且是一个研究相关经济行为和经济政策的数据源。

复杂经济学

1998 年，阿瑟在《科学》杂志上发表《复杂性与经济学》，当时《科学》杂志的编辑希望他为这种新的研究方法起个名字，于是 1998 年首次出现了复杂经济学这个术语。阿瑟后来认为叫作非均衡经济学更为妥当。复杂经济学旨在研究不同个体的行为是如何共同形成某种结果的，以及这种结果是如何反过来影响个体行为的。复杂经济学与经典经济学对立。复杂经济学认为，经济是一个不均衡的、不确定的、非线性的复杂系统，永远在进化。

明斯基时刻

1998 年，美国太平洋投资管理公司的麦卡利首次使用"明斯基时刻"这个术语，用以提示俄罗斯金融危机的到来。"明斯基时刻"描述的是资产价值崩溃的时刻，主要观点是经济长期稳定可能导致债务增加、杠杆比率上升，进而从内部滋生金融危机和陷入漫长去杠杆化周期的风险。不过，"明斯基时刻"真正成为热词要等到 10 年后的 2008 年。除了"明斯基时刻"，麦卡利还创造了另一个词——"明斯基过程"。也许因为过程要比时刻长，解释起来更麻烦，所以后者远没有前者那么知名。《明斯基时刻》一书是明斯基的弟子兰德尔·雷撰写的。

现代货币理论

1998 年，兰德尔·雷出版《理解现代货币：充分就业和价格稳定的关键》，提出现代货币理论（MMT），2012 年出版的《现代货币理论入门》对 MMT 进行了早期的阐述。在现代货币理论看来，首先，货币起源于债权债务关系。货币源自公共部门，出于度量债权债务而产生。货币首要的是充当一种抽象记账单位的职能，然后用作支付手段清偿债务，而交易媒介的职能则是伴随且依赖于最初的记账单位的职能而产生的。现代货币因而是国家货币，本质上是一种税收驱动货币。国家征税旨在创造人们对国家货币的需求。MMT 的核心是在金融政策和货币政策之间重新分工。由央行担任出资者的角色，向政府融资并为资金缺口创造资本。如此一来将无限创造债务，以此刺激国内的投资并避免经济萧条。

三 元 悖 论

1999 年，克鲁格曼提出"三元悖论"原则，指出一国不可能同时实现货币政策独立性、汇率稳定以及资本自由流动三大金融目标，只能同时选择其中的两个。后来，克鲁格曼又在《萧条经济学的回归》中对这一原则进行了论述，使该原则被越来越多的人认同。克鲁格曼提出的"三元悖论"原则最早可以溯源至英国经济学家米德（1953），他分析了开放经济条件下内部均衡目标和外部均衡目标之间的冲突，即"米德冲突"。其中，在保证包括货币政策在内的支出增减政策有效的情况下，固定汇率制度和资本自由流动是不能共存的，这与后来提出的"三元悖论"之间有着理论传承关系。蒙代尔（1963）提出了著名的 M-F 模型，为后来"三元悖论"的提出奠定了重要基础。

过度反应理论

2000 年，席勒提出过度反应理论。该理论认为，投资者并非完全的"理性人，他们在其投资活动中会受认识及情绪等因素的影响，加强其投资心理与行为，使投资活动程度超过理性投资程度，从而导致市场的过度反应。过度反应理论解释了资本市场上一些投资标的的价格与其内在价值长期存在较大差异的情况。投资者对于受损失的股票会变得越来越悲观，而对于获利的股票会变得越来越乐观，他们对于利好消息和利空消息都会表现出过度反应。席勒是麻省理工学院莫迪利安尼的弟子，1967 年，席勒进入 MIT 的时候，莫迪利安尼已经将理性预期学说引入麻省理工学院，1973 年，席勒以《理性预期与利息期限结构》为题的博士论文，尝试从长期利率和预期的关系回答这个问题。之后，席勒在整个 20 世纪 70 年代，先后从事通货膨胀、长期利率等因素的理性预期问题研究。

市场设计经济学

2002 年，罗斯发表《经济学家作为工程师：博弈论、实验法、计算作为设计经济学的工具》一文。该文指出，经济环境不仅是"演化"出来的，一定程度上也是"设计"出来的——设计经济学正在诞生。罗斯认为，有必要使用实验经济学和计算经济学补充博弈论，新兴学科也被一些学者称为微观经济工程学。罗思关于匹配和市场设计实践的著名案例是美国的肾脏交换项目。他意识到沙普利的理论计算结果可以让实践中重要市场的运作方式变得更清晰。罗思成功地通过系统性的实验，帮助许多特殊的市场建立了更合理的均衡匹配。对于市场匹配来说，价格发现的功能还不够。很多重大的交易并非单单由市场价格调节，但集中交易的市场和中央计划迥异。一个中央计划者试图决定经济成果，而集中交易的市场意在为市场参与者提供一个汇集的场地，让这些市场参与者带着所有的私人信息和欲望前来，以此努力带来好的市场结果。把众多信息汇集到一处并加以利用是市场的优势之一。沙普利使用合作博弈的方法研究和比对不同的匹配方法。他们还帮助重新设计了现存的制度，帮助医生和医院、学生和学校、器官捐赠者和病人之间的配对。2012 年，埃尔文·罗斯和罗伊德·沙普利一起获得诺贝尔经济学奖，获奖理由是"稳定配置的理论和市场设计的实践"。尽管两位研究者的研究是独立完成的，但沙普利的基础理论与罗斯的经验性调查一经结合，各类实验和实际设计产生了一个繁荣的研究领域，改善了多种市场表现。

经济体系报酬支付结构

2002 年，鲍莫尔出版《资本主义的增长奇迹：自由市场创新机器》，指出市场的活力源泉并不只是企业家精神，还要维护有序竞争的秩序，企业家不可能突然同时在某一时刻大量涌现，也不可能突然消失。更合理的是，企业家并非稀缺资源，创新创业活动的增长和减少的原因在于纯粹的经济因素——整个经济体系报酬支付结构的变化，这个变化背后则是社会制度环境的变迁。企业家精神和资源在生产性和非生产性（寻租）行为之间配置的方式，关键在于制度设计。企业家并不天然具有创新职能，而是市场竞争迫使其创新。如果制度安排不巧，将更多的报酬给予大胆的寻租活动，或破坏性活动，而将较少的报酬给予生产性的创新活动。在垄断或鼓励寻租的市场环境下，企业家的创新很可能是非生产性的。他还指出，是创新而不是价格竞争发展了资本主义，竞争的主要武器不是价格而是创新。但鲍莫尔并没有指出什么样的制度环境才是最好的，这一点笔者在第四经济增长理论——创新资本经济学中给出了回答。

长 尾 理 论

2004 年，美国《连线》主编克里斯·安德森在一篇文章中首次提出长尾理论，指出商品销售呈现出长尾形状，冷门商品的需求不会降到零点。但以前长尾商品对于大多数企业不仅没有什么意义，反而容易导致其走上破产的歧途。网络时代兴起后，以前看似需求极低的产品，只要有卖，就会有人买。这些需求和销量不高的产品所占据的共同市场份额，与主流产品的市场份额相当，甚至更大。

大缓和时代

2004 年，美联储经济学家伯南克发表《大缓和》的演说，提出"大缓和"时代的概念，后来用来指 1986—2007 年间长达近

20 年战后持续时间最长的高增长、低波动、低通货膨胀的经济时期。

黑天鹅事件

2006 年，美国投资家纳西姆·尼古拉斯·塔勒布出版《黑天鹅》一书，"黑天鹅事件"一词自此诞生。"黑天鹅事件"是指非常难以预测的，且属于不寻常的事件，通常会引起市场负面的连锁反应甚至颠覆，"黑天鹅事件"强调的是不确定的风险。此外，他的《反脆弱》也很有名。

影 子 银 行

2007 年，在美联储的年底讨论会上，时任太平洋投资管理公司执行董事的麦卡利提出影子银行概念。影子银行是指从事与传统商业银行体系相类似的金融活动，却不受中央银行监管或者很少受到监管的金融机构和金融活动。麦卡利也是"明斯基时刻"一词的提出者。

量 化 宽 松

2008 年，美联储首次公布将购买机构债和 MBS，标志着量化宽松政策的开始。量化指的是扩大一定数量的货币发行，宽松就是减轻银行储备必须注资的压力。量化宽松是指中央银行在实行零利率或近似零利率政策后，通过购买国债等中长期债券，增加基础货币供给，向市场注入大量流动性资金的干预方式。

资产负债表衰退

2008 年，野村证券经济学家辜朝明提出"资产负债表衰退"理论，指出当全国性的资产价格泡沫破灭后，大量的私人部门（企业和家庭）资产负债表会随之处于资不抵债的状况，此时，私人部门由追求利益最大化转变成追求债务最小化——企业会把收入的大部分用于还债，而不会用于再投资，当所有企业都按照这种办法操作时就形成了资产负债表衰退。这时，不管央行怎么降低利率，注入流动性都无法成功，货币政策失效。全国只有采用财政政策刺激才见效，直到微观主体的资产负债表修复正常，经济运行才恢复到正常状态。资产负债表理论解释了量化宽松的失败，认同凯恩斯经济学的财政投资理论。

沃尔克法则

2010 年，美国总统奥巴马采纳了"沃尔克法则"。沃克尔法则最初由美国白宫顾问保罗·沃尔克提出，主要内容是要求吸收存款的银行必须剥离各自的衍生品业务。该条款不仅引来了华尔街银行家的抵制，还遭到了政府官员的批评，不过民主党领导人最终让这些条款得以保留。

灰 犀 牛

2013 年，美国经济学家、国际政策研究所所长米歇尔·渥克在达沃斯全球论坛上，首次提出了"灰犀牛"概念，即一头犀牛从远处走来，人们通常不会过多留意，一旦它向你奔来，其强大的作用力会令你猝不及防。许多危险其实是潜伏的，但也是可预见的，只是会因时间、距离而错估或忽视，导致风险来时措手不及。高概率、特征明显、破坏力极大的潜在危机、风险事件都称为"灰犀牛风险"。

新 平 庸

2014 年，国际货币基金组织（IMF）总裁拉加德采用"新平庸"一词，预言世界经济将面临长期低增长的复苏态势，受到国际经济界认同。

第七章
中国经济学家的创新探索

中国系统引入西方经济学始于改革开放后，薛暮桥、孙冶芳、顾准等老一辈经济学家在引入西方经济学、完善社会主义市场经济制度方面都作出了重要贡献。近年来，随着中国经济的强势崛起，中国一些本土经济学家也开始陆续提出自己的经济学思想，而且中国本土原创经济学思想的出现并非个别现象，而是一个群体性现象，可以说中国本土经济学的创新已经呈现出"井喷"局面。中国本土原创经济学思想虽然短期内无法与美国经济学的影响力相提并论，但未来其影响力肯定越来越大。中国从事原创经济学研究的学者大部分是学习西方经济学出身，研究起点高，他们并不完全认可现有西方经济学关于世界问题以及中国问题的解释，并试图以新的理论体系引领中国及世界的未来发展。他们的眼光不局限于中国，而是致力于创造出世界通用的纯经济学理论，目前已形成一套理论体系。他们是中国本土经济学创新的代表。

中国本土经济学创新始于 20 世纪 90 年代程恩富提出海派经济学，但真正迎来高潮是在 2008 年世界经济危机之后。2012—2020年，在全球经济危机的大背景下，新结构经济学、新供给经济学、新财税经济学、新市场财政学、马克思主义中观经济学、政府与市场经济学、第四代经济增长理论、资产相对论等本土经济学理论相继崛起。在中国，致力于本土经济学创新的学者是经济学界的一道亮丽风景线。西方经济学史上发生过多次的"革命"与"综合"，笔者大胆预测，目前，中国正在爆发原创经济学革命的一些成果，将来也一定会被综合到现有的经济学理论体系之中，会被写入人类共同学习的经济学教材。人类经济学的下一次"大综合"工作应该由中国人来完成，而不是等待西方人去做这项工作。

目前，从事中国原创经济学研究的学者大部分有过海外留学、海外任教、海外访问或海外工作的经历，在国内不少也主编过西方经济学教材，可以说这些学者对西方经济学的现有思想与研究范式有非常系统的了解和训练，因此，他们创造出的理论思想直接就是对西方现有经济学思想的超越，是高起点的创新，而非低水平重复。这些学者从一开始就向经济学最核心、最深处的命题进发。学者只有敢于研究核心经济命题，才会产生重要成果。中国原创经济学家将研究命题集中在政府与市场关系、经济增长、货币与财税等领域，这些都是西方经济学的核心领域。研究的领域越重要，其研究成果也就越重要。

笔者也是中国最早进行原创经济学研究的学者之一。早在 2006 年，笔者就完整提出了"平衡经济学原理"。笔者的"新三驾马车"经济增长理论即出自平衡经济学。2008 年后，笔者又陆续在货币运行理论、财政财税理论、经济增长理论等方面提出了自己的思想，经历了大概十年的时间，终于形成了自己的体系。其中在经济增长方面提出了"新三驾马车"经济增长理论、第四代经济增长理论；

在通货膨胀方面，提出"内生性与外生性通货膨胀理论"；在经济危机方面，提出了经济危机的"分型辩治"理论、"政府债务型经济危机"理论；在公共经济学方面，提出了"公共产品供给刚性"理论、公共产品与私人产品的主动匹配理论；在货币理论方面，提出"动态货币数量论""最优央行利率"理论；在财政政策方面，提出了"单一财政调控"理论；在财税方面，提出了"新财税经济学"；在政治经济学方面，提出了"政府经济政策偏好"理论；在对宏观经济的整体认识上，提出了"政府债务—央行利率—金融投资—经济创新"传导机制。此外，在福利经济学方面，笔者提出了生存经济学和低生存成本社会理论，在产业经济学方面提出了经济压制理论，这些理论综合到一起让现代宏观经济学更加完善，极大地弥合了现代宏观经济学的各种分歧，也可以有效指导现实发展。

笔者提出的"政府经济政策"偏好理论可以从长期解释中国经济的成功，第四代经济增长理论则可以从短期解释中国经济的成功，"新三驾马车"理论可以从长期指导中国经济的增长，低生存成本社会理论可以为中国改善民生福利提供新的视角，经济压制理论可以为制定产业政策提供依据，动态货币数量论、最优央行利率理论、内生性与外生性通货膨胀、单一财政调控理论则可以为宏观经济治理创新提供依据，"政府债务—央行利率—金融投资—经济创新"传导机制则可以为人类观察宏观经济提供新的视角。

在西方经济学内部，新古典宏观经济学仍然是主流，反对新古典宏观经济学的核心理论体系还没有建立起来，货币学派和真实经济周期理论仍然统治着宏观经济学。笔者的理论主要是从对他们的批判展开，笔者提出的"货币政策与金融机构激励相容理论"就主要是否定量化宽松的有效性，因为量化宽松的低利率与金融机构激励不相容，并不会增加投资。笔者提出的新财税经济学就是替代真实经济周期理论对经济周期的解释，理论认为技术进步会增加私人产品，而公共产品受到税收刚性约束，并不能及时增加，这会导致经济紊乱，甚至发生经济危机。自动均衡只能在私人产品领域实现，在公共产品领域无法实现。公共产品与私人产品之间的匹配平衡，需要通过改革税收、提升公共产品供给才行。

2006 年，笔者发表《平衡经济学原理》，提出平衡经济学。平衡经济学由"产品差别"理论、"交易平衡"理论、供给黏性与价格失灵理论、企业利润来源理论、"企业多元化理论"等组成。平衡经济学的"产品差理论"认为市场中不同产品的根本差异是"供给难度"的差异，可以根据不同产品的供给难度，将产品分为高供给难度产品和低供给难度产品。平衡经济学中的"交易平衡"是指高供给难度产品与低供给难度产品之间的交易平衡，由于供给难度的不同，二者很难实现平衡供给，因此会发生经济危机。经济危机主要表现为低供给难度产品过剩，高供给难度产品一般不会过剩，只要加大高供给难度产品的供给，就可以治愈经济危机，让经济保持平稳。因为高供给难度产品是一直短缺的，所以人为促进高供给难度产品的供给，可以促进经济增长，高供给难度产品在增加供给时，也可以同时带动低供给难度产品的增长。

供给黏性是平衡经济学中的一个概念。供给黏性理论认为产品存在供给难度，一个产品的供给难度越小，其供给黏性越弱；一个产品的供给难度越大，其供给黏性就越强。供给难度大到一定程度，市场就会无法供给。马歇尔提出需求弹性理论，从而创造了新古典经济学，新古典经济学的局部均衡、一般均衡都是以需求弹性为前提的，但是供给黏性理论可以推翻新古典经济学的很多结论，并建立起一套与新古典经济学分庭抗礼的经济学体系。

供给难度导致"价格失灵"以及"市场出清难"的理论认为，不同产品存在不同的供给难度，所以其对价格机制的敏感程度也不同。供给难度越低的产品对价格机制表现得越明显，供给难度越高的产品对价格机制表现得越不明显。当低供给难度的产品发生短缺时，可以在价格杠杆的作用下迅速扩大生产满足市场需求；高供给难度的产品则因对价格机制不敏感，即使价格提高，供给也不会很快增加。供给难度越大的产品，供给黏性越强，价格机制越难发挥作用。当一种产品的供给难度大到一定程度，无论价格怎么提高，供给都不会增加，这时我们称为价格失灵。一种产品的供给难度，不仅会影响这种产品供给的增加，也会影响这种产品供给的减少，供给难度非常大的产品，缩减产能也是非常难的，因此经济危机爆发的时候，很多产品并不能及时实现市场出清。供给难度是导致经济危机持续较长时间的根本原因。供给难度理论可以否定新古典经济学的"市场出清"理论。新古典经济学的大厦建立在需求弹性之上，但"市场出清"却是与需求无关、与供给有关的事情。

平衡经济学的企业利润来源理论认为，企业利润来源于产品与原材料的供给难度差。这二者之间的差额越大，企业的利润水平越高；二者之间的差额越小，企业的利润水平越低。这是因为企业的利润直接来源于其"定价能力"，定价能力越强，产品的定价就越高，利润就越丰厚。产品与原材料之间的供给难度差越大，说明产品的供给难度越大，供给难度越大的产品，面临的市场竞争就越小，产品的定价能力就越强，企业的利润就越高；相反，如果产品与原材料之间的供给难度差很小，说明产品生产难度不大，企业在产品上也没有多高的定价能力，企业的利润就很小。现代经济学一般用风险和不确定性来解释企业利润的来源，这有一定道理，但还不够。笔者将企业利润来源归结于产品与原材料之间的供给难度差比以上理论更科学、更贴近实际。供给难度差理论也可以兼容"风险和不确定性"，因为风险和不确定性也可以成为产品供给难度的一部分。

平衡经济学将企业多元化分为产业升级的多元化和产业降级的多元化。产业升级的多元化是指一个企业由低供给难度行业向高供给难度行业拓展转型。产业降级的多元化是指一个企业由高供给难度行业向低供给难度行业拓展转型。平衡经济学认为，失败的多元化大部分发生在产业降级的多元化，因为供给难度越低的行业竞争越激烈，利润越低，越需要市场灵活性。这样的行业一般适合中小企业，而多元化发展的大企业在这方面并没有优势，因为大企业的优势是依靠资本、技术形成的市场壁垒，而劣势是缺乏竞争的灵活度，因此，大企业实行产业降级的多元化往往或落于失败。产业降级的多元化体现了大企业的自负，以为自己拥有更好的技术就可以无所不能，但他们并没有想到低供给难度行业竞争的残酷性。产业升级的多元化反而更容易成功，因为从低供给难度行业向高供给难度行业转型，竞争会越来越小，利润也会更高。一旦突破了转型期的瓶颈，后面企业发展的前景都比较光明，产品的高供给难度也可为企业建立起"护城河"。因此,平衡经济学主张企业应该往供给难度更高、利润更高、竞争更小的行业转型。企业界流行的"降维打击"并不一定能成功,即降维发展也必须与资本、技术结合,不然很难成功。

2009年,笔者在《中国大形势》一书中提出低生存成本社会理论。低生存成本社会理论指出,一个国家越发达,生存成本越高,民众缺乏幸福感主要是由于生存成本不断提高,要想民众幸福,就要不断降低民众的生存成本或不断提高民众的收入。民众的幸福指数为收入与生存成本之比。想提高民众的幸福指数,一方面要通过机制设计降低民众的生存成本,另一方面要千方百计提高劳动生产率,增加民众的收入。

2011年,林毅夫提出新结构经济学。新结构经济学建立在传统的比较优势理论之上,主张一个国家应该制定适合自身情况的产业政策,以实现快速发展。该理论认为,当政府发挥有为作用时,产业政策是个有用的工具。新结构经济学认为,一个国家最好的方式就是按照每个时点的要素禀赋结构所决定的比较优势选择产业和技术,进而快速增加资本积累。新结构经济学已经在以非洲为代表的很多发展中国家得到了广泛认可。

2011年4月,时任中国人民银行社会调查统计司司长的盛松成领衔研究的"社会融资规模"数据公布,这是中国人民银行在货币管理领域的一个政策创新,目前世界各国其他央行还没有公布这样的数据,现在社会融资规模已经成为衡量我国经济金融现状的重要数据之一。关于社会融资规模最早公开发表的论文是盛松成于2011年2月18日发表于《金融时报》的《社会融资总量的内涵及实践意义》。"社会融资规模"统计可以为运行货币总量管理提供依据。

2015年，滕泰、贾康等提出"新供给经济学"，将新供给分为四类，分别是新产品、新商业模式、新资源要素、新制度。他们认为这四个方面的创新都可以带来经济的爆发式增长。阻碍供给提升的因素称为供给约束，供给约束又可以分为直接约束和间接约束。直接约束是指一些非市场因素对供给数量、供给价格或供给主体等实行限额或准入性限制；间接约束则更加隐蔽，是指由于货币政策或财政政策引发的企业融资成本或税收成本上升，导致企业盈利能力下降、新供给无法形成或有效供给减少。经济要想快速发展，就需要将着力点放在缓解供给约束上。

2016年，笔者提出"新财税经济学"经济思想体系，同年在召开的"新财税论坛"上正式成立新财税学派。新财税经济学是由一系列理论组成的，其中包括经济危机的分型辩治理论、政府债务型经济危机理论、"子虚补其母"的产业升级理论、公共产品与私人产品的主动匹配理论、真实经济周期理论批判、"政府高债务—央行低利率螺旋"理论、"政府债务—央行利率—金融投资—经济创新"之间的传导机制等。

经济危机的分型辩治理论认为，经济危机可以分为三类，即生产过剩型金融危机、金融泡沫型金融危机和政府债务型经济危机。其中生产型经济危机的根源是需求不足，金融泡沫型金融危机的根源是货币不足，政府债务型经济危机的根源是税收不足。三种经济危机根源不同，治理方式也不同。其中，19世纪的经济危机主要是生产过剩型经济危机，20世纪的经济危机主要是金融泡沫型经济危机，21世纪的经济危机主要是政府债务型经济危机。凯恩斯经济学提出的财政投资理论比较适合治理生产过剩型的经济危机，弗里德曼的货币经济学比较适合治理金融泡沫危机，而笔者的新财税经济学适合治理政府债务型经济危机。

"子虚补其母"的产业升级理论认为，一个国家的产业升级是"子"，财税升级是"母"，一个国家产业发展必须先拥有足够多的知识人群、发达的科研能力、完善的基础设施、充分的社会保障，这些就是产业发展的母体。只有母体足够强大，才能孕育出发达的产业。如果母体不够强大，其产业发展必然是孱弱的。当一个国家产业发展停滞的时候，不仅要扶持产业，更要改善并壮大产业发展的社会母体。我们要看这个国家是否有足够接受过高等教育的大学生，是否有强大的科研能力，是否拥有完善的基础设施，民众是否有足够的社会保障，具备这些基础，产业自然就会孕育得非常好。如果不具备，产业发展只能受限。社会母体的强大主要靠财税升级。"子虚补其母"的产业升级理论认为没有财税升级做协同，产业升级也不可能完成。"子虚补其母"的产业升级理论是新财税经济学的核心。

公共产品与私人产品的主动匹配理论认为，一个国家的社会和谐建立在公共产品和私人产品的合理"匹配"基础之上，如我们有多少私人汽车，就需要多少公路，有多少城市人口，就需要多少城市清洁人员。一旦公共产品与私人产品匹配不合理，就会出现经济社会系统的紊乱。这种经济社会系统的紊乱会表现为交通拥挤、环境脏乱、贫富差距过大、社会风险增加等问题。公共产品与私人产品的匹配不合理，主要是公共产品的供给不足造成的，公共产品不足也称为"公共贫困"。公共产品与私人产品属于互补品，私人产品的供给是随技术进步不断提高的，但是公共产品的供给提高却受税收制约，不能随便提高，因此，一个国家的政府应该随时进行财税改革，保障公共产品的供给与私人产品的供给相匹配。公共产品与私人产品的匹配是一个动态的过程，也应该是一个主动匹配的过程，公共产品如果不主动匹配私人产品的增长，就会发生社会紊乱，严重的话会演变成经济危机。这种匹配，短期可以依赖财政赤字协调，长期需要税收不断改革以适应这个比例的变化。

真实经济周期理论批判认为，真实经济周期理论强调"技术冲击"后市场自动恢复均衡的观点是不完全正确的。首先，市场上的产品是由私人产品和公共产品两部分组成的，价格调节与市场均衡只能发生在私人产品部分，这对公共产品是无效的。公共产品的供给受政府预算影响，短期可以通过赤字调节，但长期看，受税收制约，而税收又是刚性的，所以公共产品市场是很难均衡的。因此，真实经济周期理论中强调的市场均衡只能是私人产品市场的均衡，而无法包含公共产品市场的均衡。公共产品的均衡是无法通过自由市场实现的，而公共产品的不均衡也是导致经济危机的因素之一，因此完全意义上的市场自动均衡在现实中是无法实现的。其次，"技术冲击"对社会的冲击不是均衡的移动，仍然是从均衡到不均衡的改变，技术进步肯定会导致私人产品供给的增加，但私人产品与公共产品必须合理匹配。私人产品供给的增加也会对公共产品的生产提出更大的需求，但公共产品的供给因为税收制约而不能增加，这就导致公共产品的供需失衡，因此技术冲击仍然导致不均衡的出现，主要表现为公共产品市场的不均衡。新财税经济学将"税收"上升为一个宏观经济问题进行研究，从宏观上看，税收是可以影响一个国家的经济周期的，主要是通过公共产品的供给失衡产生影响。

"政府高债务—央行低利率螺旋"理论是西方国家将量化宽松作为一种应对经济危机的相关措施所形成的经济现象。西方国家实行量化宽松的货币政策后，市场利率极低，这会促使政府大举借债，政府借债又导致央行利率无法提高，因为提高利率的结果可能是政府债务崩盘，最后就是政府高债务和央行低利率并存，即"政府高债务—央行低利率螺旋"。这两种现象相伴而生，相互影响，相互促进，会将经济导向非常危险的局面。"政府高债务—低利率螺旋"的螺旋是单向运动的，即朝着政府债务越来越多、央行利率越来越低的方向发展，短期内难以扭转。"政府高债务—央行低利率螺旋"是量化宽松货币政策实行后，必然会出现的一种经济结构形式。"政府高债务—央行低利率螺旋"对国家经济造成的伤害被称为"政府高债务—央行低利率陷阱"。在"政府高债务—央行低利率陷阱"中，政府债务的危害主要是通过央行低利率的影响传导至经济的各个方面，而央行低利率对经济造成的危害比政府债务要严重，因为一个国家一旦落入"政府高债务—央行低利率陷阱"，就很难走出来。

"政府债务—央行利率—金融投资—经济创新"传导机制说明了"政府高债务—央行低利率陷阱"危害经济的过程。一个国家的高政府债务会对央行利率形成压制，即政府债务越多，央行利率越低。政府高债务最终会将国家逼上零利率的道路。零利率首先摧毁的是金融机构的投融资业务。在零利率环境下，金融的崩溃是从民众和金融机构两个方面同时崩溃的。金融机构的资金主要来源于民众的储蓄，影子银行的资金也主要来自民众的投资理财，在零利率环境下，民众不愿意储蓄和投资，而是倾向于消费和借贷，因此，金融机构普遍缺乏资金。其次，在零利率货币环境下，没有足够利润空间作为激励，金融机构普遍不愿意从事投融资业务，较低的利润空间导致金融机构没有足够的利润覆盖业务风险，这两方面的因素都会导致金融系统的崩溃。一个国家的创新主要靠金融资本的支持，特别是股权资本的支持。在零利率环境下，民众不愿意投资理财，创新资本会出现募集困难，导致国家经济创新缺乏创新资本的支持，最终创新陷入衰落。一个国家的高政府债务首先会传导到央行的货币政策，央行的货币政策又会影响金融机构，再从金融机构传导至创新领域，以致摧毁一个国家。"政府债务—央行利率—金融投资—经济创新"传导机制让我们从更深层次了解政府债务危机的危害。

2016 年，李俊生提出新市场财政学概念。传统经济学将财政学建立在市场失灵的基础上，认为政府财政是市场失灵的补充。新市场财政学则树立了市场"平台观"和"参与型"政府的新观念，将公共部门和非公共部门都视为市场平台的参与者，公私部门皆在其中活动，创造价值。新市场财政学重新定义了政府在市场经济中的作用，为政府的经济建设等职能正名。

2017 年 7 月，美国经济学家帕特里克·博尔顿和中国经济学者黄海洲博士在 NBER 发表《国家资本结构》一文，提出国家资本结构的概念，认为一国发行的主权货币和以本币发行的主权债是国家资本结构中的股票，以外币发行的主权债是债务，通货膨胀成本源于多发货币（股票）后在国民之间的财富转移（股权稀释）。在国家层面，其货币（股票）发行越多，面临的破产风险就越小；货币（股票）越被国际资本市场高估，越应该发行货币（股票），以加大投资、消费或换取外汇储备。

2018 年，金碚在《区域经济评论》上发表《关于开拓商域经济学新学科研究的思考》一文，提出域观经济学的概念。他认为微观—宏观范式所描述的抽象世界在真实世界中是不存在的，而域类存在才是现实经济的基本质态，所有经济体都是受价值文化和制度形态深刻影响的域类存在体，任何现实经济现象都是域观现象。经济学只有致力于识别和发现体现经济学研究对象的共性及个性所具有的现实质态，才能是科学。将经济现象视为"域观"现象和"域际"关系，可以大大增强经济学的现实解释力，拓展经济学的研究空间，这样的经济学才"接地气"。

2018 年，李稻葵提出政府与市场经济学的概念，认为经济发展的前提是要把政府的激励和行为把握清楚，理清政府在市场经济中的角色，即政府应成为市场经济发展的一个推动者、一个利益相关者，而不是阻挡者。政府与市场经济学重点研究政府在市场中的激励行为和作用在内的相关课题。因此，相关研究者也被称为政府激励学派。

2018 年，郎咸平提出马克思中观经济学的概念。郎咸平认为，《资本论》的灵魂蕴藏在第二卷中，马克思主义经济学中将社会各行业分为两个部门，即一个生产资料部门（类似重工业），一个生活资料部门（类似轻工业）。马克思经济学中的计划经济是指生产资料部门，不包括生活资料部门，只要国家对生产资料部门进行计划，经济就会稳定发展，否则会产生经济危机。中国改革开放之所以成功，就是因为放开了"第二部门，即生活资料部门"；苏联之所以"垮台"，就是因为"第二部门即生活资料部门"也实行了彻底的计划经济；美国之所以发生大萧条，就是因为"第一部门即生产资料部门"也实行了自由市场经济。

2019 年，周春生在《财经》杂志上发表《新经济的无限供给新法则》一文，提出无限供给的理论，指出数字经济时代数字产品的无效供给特征。数字时代之前，人类一直用有限的自然资源换取经济增长，这个叫作有限供给。在数字时代，技术发明、数字产品和数据一旦产生，其供给是无限的，使用过程既不会有折旧，也不会有损耗，这个就可以解释无限供给的概念。在无限供给领域，周春生又在有限供给和无限供给概念的基础上，提出新二元经济理论。该理论认为，经济是由有限经济和无限经济两个部门组成的，既相互竞争，也相互促进、相互融合，共同构成一个崭新的经济体系。后来，周春生又于 2020 年和 2022 年分别出版了《无限供给：数字时代的新经济》和《新二元经济：新经济繁荣与传统经济再造》。

2020 年，笔者在《现代商贸工业》杂志发表论文，提出第四代经济增长理论。第四代经济增长理论认为，高利率环境下资本向创新领域的高度聚集才是推动经济增长的根本原因，创新资本才是推动技术进步重要的因素，比知识和人才更重要。第四代经济增长理论认为，创新资本的聚集主要受货币政策的影响，一个国家只有实行高利率货币政策才有利于创新资金的聚集，因为只有高利率货币政策才可以与民众以及金融机构的投融资形成激励相容。只有在高利率环境下，民众才愿意将自己的资金交给金融机构投资，这时金融机构才有钱可用。第四代经济增长理论反对量化宽松政策，认为低利率与金融机构"激励不相容"，会在投融资领域造成货币供给的减少。第四代经济增长理论提出的"创新资本"理论，与熊彼特的创新理论也不同。熊彼特研究创新，强调"企业家精神"，即企业家在创新中的角色与作用，但从实际来看，企业家精神并非稀缺资源，而且如果没有创新资本的助力，创新型企业家的想法便不能变成实际的产业，因此，创新资本的有效集聚才是一个国家实现创新增长的关键，而这方面则依赖于国家实行有利于创新资本集中的货币政策。

2020 年，何小锋出版《资产相对论：重组金融学》，主张从资产运营内容的角度定义金融学。他将金融的研究对象总结为"四种资产"，即现金资产、实体资产、证券资产、信贷资产，并期望以此改写主流金融学的思维范式。资产重组即这四种资产的各种组合转换形式。

2020 年，中国提出内循环经济概念。内循环是国内的供给与需求形成循环，是通过国产替代、完善技术和产业供应链，改变受制于人的局面。内循环作为一种新的经济思想，对国家维护经济安全具有重大作用。

2021 年，笔者在《当代经济》上发表论文《内生性通胀与外生性通胀理论——兼议凯恩斯经济学的衰落与复兴》，提出内生性与外生性通货膨胀理论。其中，内生性通货膨胀主要指由经济增长带来的通货膨胀，即由于技术进步推动劳动生产率提高，劳动生产率提高再推动工资提高，从而推动物价上涨，内生性通货膨胀与经济增长挂钩，属于经济顺周期。经过模型计算，内生性通货膨胀率一般为劳动生产率提高的一半，内生性通货膨胀可以通过降低经济增长速度来调整。外生性通货膨胀分为供给短缺型通货膨胀和货币增多型通货膨胀两种。比如由农产品、能源资源短缺导致的通货膨胀都属于供给短缺型的外生性通货膨胀，由货币超发与其他国家货币外溢引起的通货膨胀都属于货币型的外生性通货膨胀。外生性通货膨胀与经济周期并不一致，外生性通货膨胀不通过宏观调控解决，而是通过产业政策和货币政策进行精准治理，外生性通货膨胀发生频率不高，因此进行宏观调控时不用考虑外生性通货膨胀，只考虑内生性通货膨胀即可，严重的外生性通货膨胀也会导致经济的停滞。

内生性通货膨胀理论认为，经济发展过程中存在一个"自然通货膨胀率"，这是因为经济发展会提高劳动生产率，劳动生产率的提高会推动工资的上涨，工资的上涨又促使劳动价格的升高，劳动价格的升高会推动商品价格的升高，最终形成通货膨胀。这种因劳动生产率的提高而导致的通货膨胀也被称为"劳动生产率通货膨胀"，属于"自然通货膨胀率"，与货币因素无关。自然通货膨胀率一般为劳动生产率提升水平的一半，社会只要存在劳动生产率的提高，就会出现一定程度的自然通货膨胀率，这是经济增长的必然现象。对于一定范围内的自然通货膨胀率，政府没必要干预。

2021年，笔者在《经济管理文摘》上发表《"政府经济政策偏好"理论——政府对经济政策的选择研究兼议中国经济成功的原因》一文。经济政策偏好理论认为，一个国家的经济表现是由这个国家的经济政策决定的，而一个国家实施什么样的经济政策是由这个国家的"经济政策偏好"决定的，而从根本上决定一个国家的经济政策偏好的是其政治制度。因为不同国家的政治制度不同，其经济政策偏好也不同，最后形成了不同的经济表现。中国与西方国家因为政治制度不同出现非常明显的经济政策偏好差异，通过对比，中国政府的经济政策偏好更有利于经济的长期可持续发展。中国政府偏好的经济政策决定了中国不易出现经济周期性危机，也不易过度负债，中国创新可以得到更多的资本支持，不会出现严重的资本市场泡沫。所以，中国能拥有长期比较好的经济发展局面。而西方多党制政府所偏好的经济政策正好相反，他们放任经济虚假繁荣，对资本市场的泡沫置之不理，随意减税造成政府债台高筑，过度依赖货币放水导致金融体系和创新体系被摧毁。所以，其经济频繁发生危机，经济积累性、成长性都比较差。

2021年，笔者发表论文《货币流动理论——"利率指挥棒效应"对产业组织的影响研究》，提出金融视角下的产业组织理论。在市场经济中，利率就是市场资金的指挥棒，指挥着市场资金的流向，资金流入的行业与领域一片繁荣，资金流出的行业与领域一片萧条。利率通过影响市场资金的流向塑造一个国家的经济结构。具体来说，高利率可以将资金指挥到股权融资领域，而债权融资则需要低利率；高利率有利于将资金指挥到实体经济融资领域，低利率有利于证券交易市场；高利率于有利于头部企业，低利率有利于中小企业；高利率有利于国企融资，低利率有利于民营企业融资。从投资与消费的角度看，高利率有利于居民投资，也有利于国家和企业投资；低利率则有利于降低储蓄与消费。利率指挥棒理论表明，利率可以塑造一个国家的经济结构，是微观经济的指挥棒。以前经济学家更多是将利率作为一个经济周期宏观调控工具，其实利率对微观经济的影响也非常大，利率可以直接影响一个国家的产业结构，因此，货币流动理论本质上也是一种金融视角下的产业组织理论。

2021 年，笔者在《上海商业》上发表《生存经济学——基于收入与生存成本两指标的"幸福指数"构建》一文，提出"生存经济学"理论。"生存经济学"理论认为，经济发展有两方面的表现：一方面是新产品的不断出现；另一方面是生产效率的不断提高，二者对民众生存有着不同的作用。新产品的发明会提高民众的生存成本，生产效率的提高则可以提高民众的收入。经济发展所带来的这两方面影响是不同步的，一段时间内经济发展主要表现为新产品的出现，一段时间经济发展主要表现为生产效率的提高。如果新产品的出现超过了生产效率的提高，民众生产成本的增加就会超过收入的增加，幸福感就会变差；如果经济发展表现为生产效率的提高超过新产品的发明，民众收入的增长超过生存成本的增加，幸福感就会增强。也就是说，经济发展会带来收入与生存成本的双重波动，当二者之比扩大时，幸福感增强；二者之比缩小时，幸福感下降。此外，生存成本也是导致工资刚性的原因，工资在生存成本以上呈现弹性特征，当接近生存成本时表现为刚性。

笔者还在"生存经济学"理论中提出了"幸福指数"和"幸福剩余"的概念，用于幸福程度的宏观度量和微观度量。在宏观上，"幸福指数 = 收入/生存成本"。收入越高，幸福指数越高；生存成本越高，幸福指数越低。在微观上，"幸福剩余＝收入－生存成本"。对于微观个体来说，幸福剩余越大，幸福感越强；幸福剩余为零时，幸福感消失；幸福剩余为负时，幸福感也为负。"生存经济学"理论最早是笔者在 2009 年提出的"低生存成本社会"理论的一部分，后来逐步完善，成为一套独立的思想体系。

"生存经济学"理论还提出了"生存成本导致工资刚性"的理论。"生存经济学"理论指出，绝大多数民众每月拿到的工资都仅仅是"生存工资"，他们的收入基本接近于生存成本，即使爆发经济危机，工资也很难再降低。"生存经济学"理论认为，当民众工资高于生存成本时才会表现出弹性，工资高于生存成本越多，弹性越强；相反，工资越接近生存成本，则越表现为刚性。凯恩斯学派最早提出"工资刚性"的问题，但他们用"长期合同""效率工资"等理论解释工资刚性问题，但生存经济学提出了不同的解释思路。

2022 年，笔者在《商业与经济研究进展》上发表英文论文《动态货币数量论——基于发行货币与运行货币概念的货币周期与经济周期研究》。"动态货币数量论"是一个思想体系，包括"动态货币数量论""货币周期"理论以及经济危机时"财政、货币双补偿"的主张。在货币学领域一直存在两大理论：货币数量论和信用创造论。其实，这两大理论可以统一起来，即动态货币数量论。货币数量之所以是动态的，是因为金融体系内部可以进行信用货币的创造，也称为货币内生。货币的信用创造周期是与经济周期同步的，经济繁荣时信用创造多，货币多；经济萧条时信用创造少，货币数量少。当经济繁荣时，信用过度创造，会造成通货膨胀；经济萧条时，信用创造减少，会加剧萧条。动态货币数量论主张"动态"看待货币数量，不仅要看"发行货币"的数量，更要看"运行货币"的数量。"运行货币"的数量比发行货币的数量重要得多，"动态货币数量"论主张从"运行货币"的动态化监测进行货币数量的管理。

"货币周期"理论也是"动态货币数量论"的一部分，因为经济体系内部存在货币内生，货币数量是动态的，有时多有时少，但货币的多少也有周期规律，这就是货币周期。货币周期与经济周期是同步的，经济周期处于繁荣时，货币内生能力强，货币也就越多，也容易发生通货膨胀；经济萧条时，货币内生能力差，货币也比较少，容易发生通货紧缩。运行货币的数量不仅是动态的，而且存在周期性特征，这就是"货币周期"理论。

货币补偿与投资补偿理论是"动态货币数量论"的政策主张。"动态货币数量论"认为，经济萧条时，经济会出现投资下降和货币内生的下降，要想经济恢复，就需要政府进行投资和货币两方面的补偿，而且要以投资补偿为主。因为"货币补偿"并不一定会促使投资的增加，但"投资补偿"一定会导致货币的增加。这是因为货币内生于经济体系，投资可以促进货币的内生，增加货币。治理经济危机是一个投资与货币"双补偿"的过程，其中央行负责"运行货币"的总量稳定，财政部负责投资总量的稳定。因为"投资补偿"更重要，所以在经济危机时，财政系统发挥的作用更大。在经济平稳时期，央行只要做好"运行货币总量管理"就行，财政投资也让位于民间投资。

2022年，笔者提出"最优央行货币利率"理论，认为货币利率不是越低越好。笔者将金融机构激励相容的概念引入货币政策研究。传统货币理论是"央行—实体经济"二元结构模型，并不考虑金融机构的利益，笔者构建的是"央行—金融机构—实体经济"三元结构模型，指出央行发行的货币并不能直接到达实体经济，必须通过金融机构，因此，金融机构的积极性也是影响金融供给的重要力量。金融机构是与高利率"激励相容"的。宽松性货币政策虽然释放了货币发行量，降低了融资成本，但因量化宽松时期的低利率无法与金融机构实现利益相容，导致金融供给效率的下降，这些"发行货币"不能有效转化为"运行货币"，所以量化宽松政策并不能帮助经济走出危机。笔者主张实行相对较高的利率以提高金融机构的积极性，实现市场运行货币供给数量的最大化。"最优央行利率"是一个既可以调动金融机构积极性又可以调动金融需求方积极性的利率。在实行"最优央行利率"时，"运行货币"的总量可以达到最大。

2022 年，笔者在《产业创新研究》上发表《"新三驾马车"经济增长理论——基于 GDP"生产法"的乘法式经济增长模型研究》，提出"新三驾马车"经济增长理论。该文认为"经济增长 = 生产效率×交易效率×产品创新"，传统的"三驾马车"理论基于需求侧的经济增长模型，是与 GDP 统计的"支出法"相对应的，而"新三驾马车"经济增长理论基于供给侧的经济增长模式，是与 GDP 统计的"生产法"相对应的。依靠传统"三驾马车"拉动的经济增长是"加法式"增长，是依靠要素扩张式的经济增长，是边际递减的经济增长模式；依靠"新三驾马车"拉动的经济增长是"乘法式"增长，是基于技术进步的经济增长，是边际递增的经济增长模式。

参考资料

[1] 罗杰·E.巴克豪斯:《西方经济学史》,莫竹芩、袁野译,海南出版社,2017年。

[2] 经济学名词审定委员会:《经济学名词》,科学出版社,2020年。

[3] 史蒂文·N.杜尔劳夫、劳伦斯·E.布卢姆、魏尚进主编:《新帕尔格雷夫经济学大辞典》(第二版),经济科学出版社,2016年9月。

[4] 李琮:《世界经济学大辞典》,经济科学出版社,2000年。

[5] 陈立:《现代金融大辞典》,吉林大学出版社,1991年。

[6] 马克·布劳格:《凯恩斯以后的100位著名经济学家》,冯炳昆、李宝鸿译,商务印书馆,2003年。

[7] 威廉·布赖特:《我的经济人生之路:18位经济学大师的心灵故事》,柯祥河译,海南出版社,2007年。